100 % farfelu !

Guide de toutes les choses bizarres et loufoques que font les gens

JEFF SZPIRGLAS

Illustrations de DAVE WHAMOND

Traduction de JOSÉE LATULIPPE

Bizarre bazar

100 % farfelu ! Guide de toutes les choses bizarres et loufoques que font les gens
est la traduction de *They did what?!, Your Guide to Weird & Wacky Things People Do* de Jeff Szpirglas
(ISBN 1-897066-22-8) © 2005, Maple Tree Press Inc. (Owlkids Books Inc.).

**Catalogage avant publication de Bibliothèque et Archives nationales du Québec
et Bibliothèque et Archives Canada**

Szpirglas, Jeff

100 % farfelu ! : guide de toutes les choses bizarres et loufoques que font les gens

(Bizarre bazar)
Traduction de : They did what?!.
Comprend un index.
Pour les jeunes de 8 à 12 ans.

ISBN 978-2-89579-308-3

1. Curiosités et merveilles - Ouvrages pour la jeunesse. 2. Histoires loufoques – Ouvrages pour la jeunesse. 3. Excentricité - Ouvrages pour la jeunesse. I. Whamond, Dave. II. Titre. III. Titre : Cent pour cent farfelu !. IV. Collection : Bizarre bazar.

AG243.S9814 2010 j001.94 C2010-940948-5

La traduction de cet ouvrage a été faite grâce à la généreuse contribution du Conseil des Arts du Canada, par son programme de soutien financier à la traduction.

Nous remercions le gouvernement du Canada de son soutien financier pour nos activités de traduction dans le cadre du Programme national de traduction pour l'édition du livre.

Nous reconnaissons l'aide financière du gouvernement du Canada par l'entremise du Programme d'aide au développement de l'industrie de l'édition (PADIÉ) pour nos activités d'édition.

Conseil des Arts du Canada — Canada Council for the Arts

Bayard Canada Livres inc. remercie le Conseil des Arts du Canada du soutien accordé à son programme d'édition dans le cadre du Programme des subventions globales aux éditeurs.

Cet ouvrage a été publié avec le soutien de la SODEC. Gouvernement du Québec – Programme de crédit d'impôt pour l'édition de livres – Gestion SODEC.

Dépôt légal –
Bibliothèque et Archives nationales du Québec, 2010
Bibliothèque et Archives Canada, 2010

Conception et direction artistique : Claudia Dávila

Direction : Andrée-Anne Gratton
Mise en page : Danielle Dugal
Traduction : Josée Latulippe
Révision : Sophie Sainte-Marie

4475, rue Frontenac
Montréal (Québec)
Canada H2H 2S2
Téléphone : 514 844-2111 ou 1 866 844-2111
Télécopieur : 514 278-0072
Courriel : edition@bayardcanada.com
Site Internet : www.bayardlivres.ca

Imprimé au Canada

Dédicace

À toutes les pelures de banane du monde,
en particulier à celles sur lesquelles
quelqu'un a glissé

Remerciements

Nombreux sont ceux et celles qui ont contribué à la préparation de ce livre. J'aimerais remercier les personnes suivantes, qui ont aidé à la vérification de certaines informations : Marc Abrahams, Tavis J. Basford, Michael Dewar, Ronald J. Leprohon, Carl Mehling, David Schmidt, Elizabeth Semmelhack, Rich Vieira et Bill Young (webmestre du site www.nywf64.com). Les marques BURGER KING^{MD} et WHOPPER^{MD} sont utilisées avec l'autorisation de Burger King Brands, inc. Les marques MONOPOLY^{MD} et ©2005 Hasbro, inc. sont utilisées avec autorisation. Silly Putty^{MD} est une marque déposée de Binney & Smith.

TABLE DES MATIÈRES

Avis au lecteur

N'es-tu pas heureux de faire partie de l'espèce *Homo sapiens* ? Pense aux choses extraordinaires que tu peux réaliser chaque jour et que nulle autre créature ne peut accomplir : tu attaches tes lacets, tu te brosses les dents, tu fais ton lit, tu laves la vaisselle, tu sors les poubelles… la liste est infinie, d'après ma mère.

Les exploits que nous avons réalisés au cours de l'histoire sont éblouissants : nous avons construit les grandes pyramides, marché sur la Lune et inventé les ordinateurs qui permettent aux écrivains de taper des mots comme ceux que tu es en train de lire (et aussi d'en vérifier l'orthographe !).

Mais pour chacune de nos réalisations, nous avons fait un nombre encore plus grand d'erreurs. Personne ne les célèbre. Pourquoi donc ?

Nous vivons dans un monde qui désapprouve les gaffes, mais je vais te confier un secret : certaines bévues sont bénéfiques. Comment saurais-tu qu'il ne faut pas lécher un poteau de métal en plein mois de janvier si un gamin courageux ne nous avait pas donné une leçon en se collant la langue sur un poteau ? L'heure est venue de célébrer tous ces gens à la langue-gelée-sur-un-poteau. Essayer une chose différente et originale pour elle-même peut révéler des informations extraordinaires sur l'univers dans lequel nous vivons. Cela peut aussi nous laisser bouche bée dehors par un froid sibérien.

Si tu es le moindrement curieux d'entendre parler de musées qui ne présentent rien d'autre que des sièges de toilettes, des meilleures plaisanteries du 1er avril, de nageurs qui s'ébattent dans l'eau glacée ou d'un homme qui balance des serpents à sonnette vivants dans sa bouche, alors tourne la page et continue à luire.

Jeff

(« Continue à luire » ? Oups ! On aurait dû écrire « continue à lire ». Mon corrupteur d'orthographe semble défectueux. Oh ! contente-toi de tourner la page et de continuer à luire le livre.)

Le 1er avril

Un jour dédié aux farces et attrapes ? Quelle bonne idée ! Il y a tellement d'histoires à mourir de rire au sujet du poisson d'avril qu'une section complète y est consacrée dans ce livre. Pour une étude en profondeur des meilleurs tours du 1er avril, rends-toi à la page 64.

Folles **fantaisies**

TOUT LE MONDE AIME BIEN LES LUBIES. UNE PERSONNE FAIT QUELQUE CHOSE DE CHOUETTE ET DE DIFFÉRENT, COMME ENFILER SON PANTALON DE PYJAMA POUR ALLER À L'ÉCOLE. BIENTÔT, QUELQUES-UNS L'ESSAIENT AUSSI. AVANT LONGTEMPS, TOUT LE MONDE À L'ÉCOLE PORTE DES VÊTEMENTS DE NUIT... Y COMPRIS LES ENSEIGNANTS ! LES LUBIES SONT PEUT-ÊTRE SOUVENT ÉPHÉMÈRES, MAIS CERTAINES MÉRITENT QU'ON LES RAPPELLE.

Entassez-vous !

La cabine téléphonique : si tu es sur la route, sans téléphone cellulaire, elle peut vraiment te sauver la vie. Mais dans les années 1950, la cabine téléphonique était aussi un lieu propice aux lubies. En Afrique du Sud, en Grande-Bretagne, au Canada et aux États-Unis, l'entassement dans une cabine téléphonique faisait fureur. Entassement dans une cabine téléphonique ? L'expression décrit exactement ce que c'était. Il suffisait d'entasser le plus de personnes possible dans une cabine. Les règles différaient d'un pays à un autre. Par exemple, une règle stipulait que la cabine devait simplement contenir un téléphone ; ailleurs, le règlement exigeait qu'on puisse vraiment y faire un appel.

Bon ! Chers élèves, êtes-vous prêts à apprendre des choses au sujet d'autres lubies délirantes ?

Euh, prof ! On est dans un livre, pas à l'école ! Je suis tout seul ici.

D'accord, mais je suis certaine que tous les lecteurs sont intéressés à savoir que l'entassement ne se limite pas aux cabines téléphoniques. Depuis la fin des années 1950, des gens s'entassent aussi dans de petites voitures. Jusqu'à 57 personnes se sont empilées en même temps dans une Coccinelle de Volkswagen !

En haut du poteau

L'entassement dans une cabine téléphonique peut sembler cauchemardesque à quiconque souffre de claustrophobie, mais ce n'est rien comparé à la solitude du défi du poteau. Oui, tu as bien lu : le défi du poteau. Même si cette lubie ne supposait pas la participation de bien des gens (une seule personne devait s'asseoir au bout d'un mât pendant une longue période), nombreux étaient ceux qui y assistaient. Dans les années 1920, le roi de cette lubie était l'ancien marin Alvin « Shipwreck » Kelly, qui resta assis en haut d'un mât pendant plus de 13 heures. Quelques autres décidèrent de réaliser eux-mêmes cette (dangereuse) acrobatie, mais Kelly battit de façon stupéfiante son propre record en demeurant au sommet d'un mât pendant 49 jours !

Festin de poisson

L'année 1939, à Boston, fut une année faste pour les propriétaires d'animaleries. C'est à cette époque qu'un étudiant de première année à l'Université Harvard releva un défi des plus dingues : il avala un poisson rouge. Apparemment, il avait vu quelqu'un réaliser ce coup une dizaine d'années auparavant et se vantait de l'avoir lui-même déjà fait. Ce truc fit l'objet d'une grande couverture médiatique. Quelques semaines plus tard, d'autres étudiants essayèrent de dépasser son exploit, certains ingurgitant plus de 20 poissons rouges au cours d'une seule séance. Un homme de l'Indiana prétendait en avoir avalé la quantité astronomique de 5 000 ! L'ingurgitation de poissons rouges prit des proportions telles qu'on dut émettre des mises en garde contre les dangers pour la santé. Des mesures furent également prises pour assurer la protection des poissons. Il est vrai que la plupart des poissons rouges se font dévorer par des prédateurs plus gros qu'eux… mais ce ne sont habituellement pas des étudiants universitaires. La lubie fut de courte durée. Elle avait pratiquement disparu l'année suivante.

… la plus récente lubie était d'avaler des barracudas ?

[... et encore des fantaisies]

JE m'appelle Jim Smith !

Il y a aujourd'hui dans le monde bien des personnes nommées Jim Smith. Il existe toutefois une seule Jim Smith Society. Fondée en 1969 par – ô surprise ! – Jim Smith, de Camp Hill, en Pennsylvanie, l'association se vante d'avoir actuellement plus de 1 800 membres. Elle organise des rencontres amusantes pour tous les Jim Smith. Et comment savoir qui est qui ? Il suffit de nommer un Jim en indiquant sa ville : Jim de Camp Hill, Jim de Manhattan, Jim de Dallas, etc. Tu vois ce que je veux dire. Et s'il y a plus d'un Jim Smith dans une même ville ? L'autre Jim ajoute simplement un surnom. Parce que le petit-fils de Jim de Sevierville fait de la course à pied à l'école secondaire, on appelle celui-ci Jim « le coureur » de Sevierville. Et ne t'en fais pas, ce club n'est pas réservé aux gars. Des femmes aussi en sont membres, comme Jim Ann, de l'Oklahoma.

La folie des foules

Les lubies amusantes ont un succès fou à l'ère d'Internet. En voici une récente : la foule éclair. Avisées par courriel, des personnes se rassemblent à un endroit et à une heure déterminés pour faire quelque chose de bizarre. Alors que font au juste ces foules éclair ? À New York, des gens se sont promenés dans Central Park en imitant des cris d'oiseaux ; d'autres entrèrent dans de grands magasins à la recherche de tapis. À Berlin, des individus ont commencé à applaudir et à crier dans leur téléphone cellulaire. À Rome, une foule éclair s'est rendue dans une librairie, et les personnes se sont mises à demander aux employés des livres qui n'existaient pas.

Baigneurs frissonnants

Pour certaines personnes, même pour celles qui habitent au bord d'une étendue d'eau glacée, le jour de l'An est tout indiqué pour se mettre en maillot de bain et aller faire trempette. Partout dans le monde, du Canada et des États-Unis à l'Allemagne, la Finlande et la Corée, des gens aiment plonger dans l'eau glacée. Les membres du Coney Island Polar Bear Club, fondé en 1903 à New York, se baignent tous les dimanches de novembre à avril. Ils ont même aidé lors de tournages de films, en acceptant volontiers de remplacer des cascadeurs qui n'osaient pas sauter dans l'eau froide.

As-tu ta roche de compagnie ?

Tu en as assez de te lever tôt le matin pour nourrir ton chat ou promener ton chien ? Tu es fatigué des responsabilités ? Tu détestes ramasser les crottes ? Alors tu es probablement un candidat parfait pour devenir propriétaire de l'animal de compagnie qui demande le moins de soins : une roche. Créée par Gary Dahl et lancée en 1975, cette roche de compagnie était vendue dans une boîte comportant des trous d'aération, et était accompagnée d'un manuel très utile qui donnait même des instructions pour apprendre au caillou à rouler et à faire le mort. Mais surtout, son invention connut un succès rocambolesque : plus de 1,5 million de personnes achetèrent les roches emballées par Gary Dahl. La lubie fut toutefois de très courte durée.

AVERTISSEMENT : Ne pas caresser les bords tranchants du livre. Des coupures ont été rapportées. Le livre de compagnie est allergique à l'eau.

100 % farfelu ! Le tout premier livre de compagnie !

Il n'est pas nécessaire de nourrir ton livre de compagnie. Tu peux l'emmener faire de longues promenades, et il n'a jamais besoin de voir le vétérinaire. Mais surtout, tu peux apprendre plein de choses avec ton livre de compagnie, en le lisant du début à la fin. Prends-en bien soin. Aime-le et il t'aimera, lui aussi !

Quel manque de goût !

Dans le domaine de la mode, ce qui aujourd'hui a du style sera source de moqueries demain. Mais les sources de moqueries de demain pourraient bien devenir les tendances rétro les plus en vogue. Au cours de l'histoire, nous nous sommes affublés d'accoutrements qui te laisseront bouche bée. (Ce n'est pas grave, la bouche bée est actuellement dans le vent.)

Comment laver ta toge

Au temps de la Rome antique, les toges constituaient le summum de l'élégance. Mais que faisait-on avec une toge sale ? Si tu étais assez riche, tu pouvais confier tes vêtements à un foulon, ou blanchisseur. Ce laveur enduisait la toge d'argile pour absorber les saletés. Et ce n'est pas tout. Il faisait également tremper le tissu dans de la vieille urine provenant de toilettes publiques. Il paraît que cela aidait à épaissir le tissu. La toge était ensuite brossée, peignée et taillée pour la défroisser. Et la touche de finition : un rinçage final avec un jet d'eau projeté de la bouche du laveur.

Sous-vêtement antiodeur

L'être humain moyen émet environ 14 flatulences par jour. Enfin, voici un sous-vêtement hermétique révolutionnaire capable de filtrer nos mauvaises odeurs ! Comprenant un « trou de sortie » muni d'un filtre qui emprisonne les gaz nauséabonds tout en laissant passer les autres, ce sous-vêtement est lavable et peut durer jusqu'à un an.

Prouesse de pieds

Au quatorzième siècle, les chaussures permettaient de définir son style tout autant qu'aujourd'hui, même si elles n'arboraient pas de marque et n'étaient pas endossées par des vedettes sportives. La chaussure du jour, la poulaine (ou chaussure pointue), aurait mieux convenu à un clown qu'à un athlète. Quand on glissait le pied dans cette chaussure, les orteils n'en touchaient jamais le bout. En effet, la chaussure dépassait les orteils de plusieurs centimètres, pour finir en pointe. On devait remplir les extrémités de ces grosses bananes de mousse ou de cheveux pour les garder droites.

Tu parles de chaussures sophistiquées! Pour éviter de perdre l'équilibre, les femmes qui portaient des chopines avaient presque toujours besoin de serviteurs pour les aider à se déplacer. Le fait d'être soutenues par des domestiques montrait l'ampleur de la richesse des propriétaires de chopines (sans parler de l'ampleur de leur inconfort).

Le point sur les pointes

Qu'est-ce que la longueur des chaussures d'une personne nous dit de leur propriétaire? Au fur et à mesure que les chaussures sont devenues de plus en plus pointues, de nouvelles lois limitèrent la longueur des chaussures d'une personne en fonction de sa richesse. Une loi stipulait que la pointe des chaussures d'un roturier ne devait pas dépasser 15 centimètres, mais que celles d'un gentilhomme pouvaient avoir une pointe jusqu'à deux fois plus longue. Quant à celles du noble, leur pointe pouvait atteindre jusqu'à quatre fois cette longueur, et même plus!

Cherchons des chopines

Au cours de l'histoire la mode a non seulement rendu les chaussures plus longues, mais aussi plus hautes. Les chopines, des chaussures à semelles épaisses, étaient en vogue à Venise au quinzième siècle. Il était très difficile de marcher avec ces plateformes décorées pour femmes. Certaines chopines s'élevaient à plus de 60 centimètres du sol!

Tout est SUR ta TÊTE

QUOI DE MIEUX POUR AFFIRMER TON STYLE QUE LE DESSUS DE TA TÊTE ? CES MODES À FAIRE DRESSER LES CHEVEUX RISQUENT FORT DE FAIRE TOURNER QUELQUES TÊTES.

Perruques prisées

Au dix-septième siècle, lorsque Louis XIV, le roi de France, devint chauve, il se mit à porter des coiffures postiches élaborées. Rapidement, les perruques connurent une grande popularité auprès du public : malgré leur prix élevé, avec elles, plus besoin de se brosser les cheveux !

À la fin du dix-huitième siècle, les perruques avaient vraiment la cote. La coiffure d'une dame pouvait s'élever à un mètre au-dessus de sa tête ! Non seulement les perruques étaient grandes, mais leur style frisait souvent le franchement bizarre. Une perruque pouvait même avoir la forme d'un bateau à voiles. Parce que les postiches étaient si complexes et difficiles à manier, plusieurs personnes les portaient pendant des semaines. Les perruques étaient non seulement un haut lieu de la mode, mais également une résidence de choix pour certains insectes, qui se reproduisaient au creux de la fausse chevelure.

... les perruques géantes étaient à la mode aujourd'hui ?

Vêtu de cheveux

Bill Black, un coiffeur pour hommes, détestait voir de bons cheveux être gaspillés. Il créa même un fertilisant pour les plantes, surtout conçu à partir de cheveux. Mais ce n'est pas tout! Black a également utilisé des cheveux pour tisser une étonnante gamme de vêtements, y compris une cravate, des vestes et une chemise, entièrement faits de cheveux. Ces vêtements étaient chauds, oui, mais le problème, c'est que les cheveux peuvent piquer encore plus qu'un chandail de laine.

Chapeau!

Si tu veux voir des couvre-chefs vraiment loufoques, rends-toi à la Royal Ascot Race, qui se tient chaque année en juin à Ascot, une petite ville britannique. Même si l'attraction principale est la course de chevaux, la meilleure vue est celle qu'on a des gradins... ou, pourrait-on dire, *sur* les gradins. Plusieurs spectatrices rivalisent en portant les chapeaux les plus excentriques. Un chapeau peut ressembler à un abat-jour, un autre à une cible de fléchettes, un autre encore à un petit déjeuner dans une poêle à frire! Et au cas où l'idée te prendrait d'enfiler une casquette de baseball et de trotter jusque là-bas pour reluquer les chapeaux, attention! Sache qu'on peut s'habiller comme on veut dans la section publique, mais si tu souhaites accéder à l'enceinte royale pour observer les courses, pas la peine de t'y présenter si tu n'es pas correctement vêtu pour l'occasion. Les hommes doivent porter un smoking convenable, et les dames, un chapeau, sans qu'il *doive* toutefois ressembler à un meuble ou à un repas.

Le chapeau et l'éléphant

La compagnie Tilley fabrique des chapeaux parmi les plus résistants au monde. À quel point sont-ils résistants? Les vendeurs de Tilley racontent parfois cette histoire. Au zoo de Bowmanville, un gardien a vu son chapeau Tilley, qu'il portait sur la tête, littéralement dévoré par un éléphant. Mais ne t'en fais pas, le couvre-chef est ressorti quelque temps plus tard par l'autre extrémité de l'animal, parfaitement intact, quoiqu'un peu sale. Le gardien a lavé son chapeau et a continué de le mettre. Depuis ce jour, le pachyderme a mangé le même chapeau à deux reprises! À quel point un chapeau Tilley est-il résistant? Il paraît que le gardien du zoo porte encore aujourd'hui le même chapeau.

Récits réellement **rocambolesques**

À L'ÉCOLE, TON AMI TE RACONTE UNE HISTOIRE « INCROYABLE MAIS VRAIE » QU'IL A REÇUE PAR COURRIEL. ELLE EST TELLEMENT STUPÉFIANTE QUE TU LA RELATES À TON AMI D'UNE AUTRE ÉCOLE, QUI À SON TOUR LA RACONTE À SON AMIE… BIENTÔT, TOUT LE MONDE PARLE DE CETTE INCROYABLE HISTOIRE VRAIE QUI N'A PROBABLEMENT JAMAIS ÉTÉ VRAIE. CONNAIS-TU CERTAINES DE CES CÉLÈBRES « LÉGENDES URBAINES » ?

Des reptiles dans le réseau

Voici probablement la mère de toutes les légendes urbaines nord-américaines : des bébés alligators de Floride, amenés à New York comme jolis animaux de compagnie, sont jetés dans les toilettes quand ils deviennent trop gros. Puis ces reptiles grandissent et se reproduisent dans les égouts. L'absence de crocodiliens souterrains n'a pas empêché le mythe de prendre de l'ampleur, de faire son apparition dans les journaux, les magazines et les films. Mais malgré les nombreux récits, un seul alligator aurait été découvert dans les égouts de New York. On rapporte qu'en février 1935 trois adolescents étaient en train de pelleter de la neige dans une bouche d'égout quand ils y ont trouvé un alligator pesant 57 kilogrammes.

Histoires d'araignées

On retrouve souvent des araignées dans les légendes urbaines. Une histoire met en scène une jeune fille des années 1950, à la coiffure en forme de ruche. Un jour, la jeune fille s'évanouit. On la conduit d'urgence à l'hôpital. Et là, une infirmière trouve tout un nid de veuves noires mortelles dans la chevelure de la patiente ! Une autre légende parle d'une femme qui entend un étrange bourdonnement en provenance de son cactus et voit souvent la plante vibrer. Quand elle téléphone à la pépinière pour tenter de comprendre ce qui cause ces phénomènes, on lui dit de sortir de sa maison IMMÉDIATEMENT. Vêtus d'un équipement de protection, les membres d'une équipe d'urgence transportent le cactus dans la cour et y mettent le feu. Des milliers d'araignées mortelles s'en échappent aussitôt.

… les alligators étaient non seulement dans les égouts, mais aussi dans les bols de soupe ?

Une gâterie à gros prix

Lorsqu'une cliente demande la recette du célèbre biscuit d'un grand magasin, on lui répond que le magasin ne la donne pas. La dame accepte alors d'acheter la recette, pour « deux cinquante ». Imagine sa surprise, un mois plus tard, quand elle reçoit son relevé de carte de crédit et voit le montant porté à son compte pour l'achat de la recette : 250 $ au lieu des 2,50 $ auxquels elle s'attendait. La cliente en colère envoie un courriel contenant la fameuse recette à tous ceux et celles qui en veulent une copie gratuite. Les gens aiment bien les histoires où c'est le petit, le défavorisé, qui triomphe. Mais celle-ci n'est pas vraie.

L'animal mexicain

Voici une autre histoire « incroyable mais fausse » qui est transmise depuis près de vingt ans par le téléphone arabe des légendes urbaines. Une dame de Californie traverse la frontière pour aller faire des courses au Mexique. Là, un grand nombre de chiens errants traînent dans les rues. La femme donne à manger à l'un des chiens, et celui-ci se met à la suivre dans toute la ville. Quand vient le temps de rentrer chez elle, elle ne peut se résoudre à laisser derrière elle son nouvel ami. Après avoir dissimulé l'animal dans des paquets au fond de sa voiture, la dame traverse la frontière sans problème. Ce soir-là, elle donne un bain à son nouvel animal de compagnie. Le lendemain, le chien est malade. La propriétaire le conduit chez le vétérinaire, à qui elle est forcée de révéler comment elle l'a obtenu. Le vétérinaire lui apprend que ce n'est pas un chien qu'elle a ramené avec elle, mais un gros rat d'égout !

PALMARÈS DES « ANIMAUX » À NE JAMAIS RAMENER À LA MAISON

5. Des moutons de poussière
4. Un nid d'abeilles (surtout s'il contient des abeilles)
3. Un tigre de Sibérie
2. Des poux
1. Une méduse*

* Bien sûr, elle a l'air inoffensive, comme ça, mais certaines d'entre elles contiennent assez de poison pour tuer 60 personnes. N'en invite pas à ta soirée piscine !

Crois-le… ou non !

TOUT COMME LEURS COUSINES LES LÉGENDES URBAINES, CES « FAITS » PRÉTENDUMENT VRAIS SONT RACONTÉS D'UNE PERSONNE À UNE AUTRE. IL ARRIVE QU'ILS SOIENT SI SOUVENT TRANSMIS QU'ILS FINISSENT PAR ÊTRE ACCEPTÉS COMME DES FAITS, ALORS QU'ILS SONT BIEN LOIN DE LA VÉRITÉ. PRÉPARE-TOI À DE LA DÉSINFORMATION DÉMESURÉE !

La croyance : Un aliment qu'on laisse tomber par terre est sans danger si on le ramasse dans les cinq secondes.

Les faits : Également connue sous le nom de « la règle des cinq secondes », l'idée veut qu'un morceau de nourriture qu'on a laissé tomber au sol dispose d'un court intervalle de temps – cinq secondes – avant que les microbes s'en saisissent. Cette affirmation est aussi sale que la nourriture échouée sur le plancher. En 2003, une élève du secondaire de l'Illinois a décidé de tester elle-même la théorie. Elle a traité des carreaux de plancher avec des bactéries. Puis elle a essayé de laisser des morceaux de biscuits et de bonbons sur les carreaux jusqu'à cinq secondes. Dans tous les cas, les bactéries avaient contaminé la nourriture. En passant, l'élève a aussi déterminé que les aliments vides avaient plus de chances que les aliments santé d'être récupérés d'un plancher sale et mangés.

La croyance : Dans un lavabo ou des toilettes, l'eau s'écoule dans le sens des aiguilles d'une montre dans l'hémisphère nord et dans le sens inverse dans l'hémisphère sud.

Les faits : Les gens affirment que cela est dû à la force de Coriolis, causée par la rotation de la Terre et qui influence également les masses d'air entourant la planète. La force de Coriolis est bien réelle et permet d'expliquer certaines choses, comme pourquoi les ouragans tournent dans le sens des aiguilles d'une montre au sud de l'équateur et dans le sens inverse au nord. Mais dans la salle de bain, la force de Coriolis est si faible comparée aux autres forces qui sont à l'œuvre que ce n'est pas elle qui détermine le sens de la rotation de l'eau qui s'écoule.

Bien des gens croient que Frankenstein est le nom d'un monstre. Les faits : dans le livre original écrit par Mary Shelley, le monstre n'est pas nommé ! « Frankenstein » est en fait le nom de son créateur, Victor Frankenstein. Et, pour ton information, cette créature est tout à fait capable de soutenir une conversation intelligente et ne se contente pas de marcher d'un pas lourd et de grogner.

La croyance : Les taureaux détestent la couleur rouge.

Les faits : Eh bien ! étant donné que les taureaux sont daltoniens, ils pourraient tout autant détester le mauve, le rose et le vert. Néanmoins, un nombre étonnant de dessins animés et de films nous montrent des taureaux enragés à la vue d'un matador agitant devant eux une cape rouge. Le fait est que ces animaux sont vraiment irritables et sont peu susceptibles de supporter le bruit d'une foule qui hurle ou la vue d'une personne remuant un tissu devant eux… quelle qu'en soit la couleur.

La croyance : Il n'existe pas deux flocons de neige identiques.

Les faits : L'idée que chaque flocon de neige qui tombe est unique est plaisante, mais difficile à avaler. Réfléchis un instant à tous les endroits dans le monde qui reçoivent de la neige et depuis combien d'années il neige sur la planète. Il est vrai que tes chances de découvrir une paire de flocons identiques sont plutôt minces, mais il y a de l'espoir ! En 1988, alors qu'il observait des flocons de neige du Wisconsin, un scientifique du Centre national de recherche atmosphérique trouva… [roulement de tambour]… deux flocons de neige qui, sans être tout à fait identiques, se ressemblaient beaucoup !

La croyance : Boire de l'eau fait disparaître le hoquet.

Les faits : Le diaphragme est la grande paroi musculaire qui sépare les poumons des intestins. Le hoquet se produit probablement lorsque le diaphragme se contracte et que tu avales un peu d'air. Les voies respiratoires se referment rapidement, produisant le son caractéristique du hoquet. On estime qu'une manifestation de ce problème dure en moyenne 60 hoquets. La liste des moyens pour l'arrêter semble interminable : retenir ton souffle, respirer dans un sac de papier, être soudainement surpris ou manger du sucre. Les faits : boire de l'eau fera peut-être disparaître ton hoquet, peut-être pas. Une chose est sûre, tu auras moins soif.

Les plus gros poissons

T'EST-IL DÉJÀ ARRIVÉ DE TE LEVER UN MATIN DE PRINTEMPS ET DE TE FAIRE DIRE PAR TA SŒUR OU TON FRÈRE PLUS ÂGÉ QUE L'ÉCOLE AVAIT ÉTÉ INONDÉE... ALORS QU'IL N'Y AVAIT PAS UN SEUL NUAGE DANS LE CIEL ? OU TON ENSEIGNANT VOUS A-T-IL DÉJÀ DONNÉ UN PETIT EXAMEN-SURPRISE, AVEC PLEIN DE MATIÈRE INCONNUE, TOUT EN RIANT DANS SA BARBE DU DÉBUT À LA FIN ? C'ÉTAIT PROBABLEMENT UN 1ER AVRIL, ET TU T'ES FAIT FAIRE UN POISSON D'AVRIL. TU N'ES PAS LE SEUL. VOICI QUELQUES TOURS DIGNES DE MENTION.

Les origines du poisson

Il existe plusieurs théories pour expliquer l'origine du poisson d'avril. Une histoire assez convaincante raconte qu'en France, au seizième siècle, le Nouvel An était célébré au début du printemps. Toutefois, en 1564, un nouveau calendrier, soit le calendrier grégorien, fut mis en application. Le nouveau jour de l'An était le 1er janvier. Mais les gens aimaient toujours célébrer au printemps, et la fête du 1er avril devint une tradition. Certains aimaient se moquer de ceux et celles qui fêtaient encore l'ancien Nouvel An, et l'une des blagues les plus communes consistait à envoyer un poisson à quelqu'un en guise de cadeau du jour de l'An. Finalement, la date du jour de l'An au 1er janvier fut établie, mais ce fut aussi le cas de la tradition du poisson d'avril. Avec le temps, celle-ci se propagea à l'extérieur de la France jusqu'en Grande-Bretagne, puis traversa l'Atlantique pour atteindre l'Amérique.

Folies du poisson d'avril

Où : Des journaux aux États-Unis

La blague : En 1983, un fil de presse fit paraître une nouvelle racontant qu'un professeur d'histoire de l'Université de Boston avait retracé les origines du poisson d'avril au temps de l'Empire romain. Le professeur soutenait que les fous et les bouffons de l'empereur Constantin se sentaient ignorés et avaient décidé de s'organiser. Ils demandèrent à l'empereur de permettre à l'un des leurs d'être roi d'un jour. Amusé, Constantin accepta de jouer le jeu. Ce jour-là était le 1er avril, et le premier roi d'un jour fut appelé roi Kugel. Le poisson d'avril était né. Plusieurs journaux publièrent cette nouvelle, mais finirent par se sentir plutôt stupides lorsqu'ils découvrirent que c'était faux... surtout quand on comprend que Kugel est le nom d'un plat de nouilles juif.

Un iceberg australien

Où : Port de Sydney, Australie

La blague : En 1978, un remorqueur entra dans le port de Sydney, tirant derrière lui un iceberg géant. Dick Smith, un homme d'affaires très prospère, avait annoncé qu'il remorquerait un iceberg géant de l'Antarctique jusqu'à Sidney. Il avait l'intention de le découper en petits fragments pour en faire de rafraîchissants cubes de glace qu'il vendrait dix cents chacun. La supercherie allait bon train quand il se mit à pleuvoir, la pluie emportant la mousse et la crème à raser recouvrant l'« iceberg », qui n'était rien de plus qu'un gros morceau de plastique flottant. Smith avait vraiment envisagé de remorquer un véritable iceberg, mais il avait par la suite pensé qu'un faux constituerait un excellent poisson d'avril. Avec un ami, il en construisit un pendant la nuit et, le 1er avril, il demanda à quelques-uns de ses employés d'appeler les journaux et les stations de radio pour annoncer l'arrivée de l'iceberg dans le port.

[... et encore des poissons]

Le défilé qui se défile...

Où : Ville de New York

La blague : En 2000, les journaux, les stations de radio et de télévision reçurent un message annonçant que le défilé new-yorkais annuel du 1er avril débuterait à midi. Plusieurs chars allégoriques étranges y participeraient, dont un coûtant 10 milliards de dollars et célébrant les missions ratées vers la planète Mars. Deux réseaux de télévision envoyèrent des équipes de caméramans sur place pour voir de quoi il était question. Ils n'auraient pas dû apporter leurs caméras, parce qu'il n'y eut pas de défilé. Le cerveau derrière ce canular annonçait un défilé du 1er avril depuis 15 ans et il joue des tours aux médias depuis les années 1960.

Une plaisanterie bœuf !

Où : Des journaux dans tous les États-Unis

La blague : Les gauchers semblent n'avoir jamais la vie facile. Si tu écris à la mine, il est probable que tu l'étales sur ta feuille en écrivant. Et si tu veux couper du papier, tu trouves rarement des ciseaux pour gauchers. Le 1er avril 1998, Burger King[MD] prit le monde des gauchers par surprise en publiant une publicité pleine page dans les principaux journaux pour annoncer le dernier venu sur leur menu : le Whopper pour gauchers. On y affirmait que les ingrédients de ce nouveau sandwich n'étaient en rien différents de ceux du Whopper traditionnel, mais les éléments de la garniture étaient réaménagés pour éviter que les mangeurs de hamburgers gauchers fassent un dégât. Il semble que des milliers de clients se présentèrent dans les restaurants ce jour-là pour commander le nouveau Whopper pour gauchers, alors que d'autres précisèrent qu'ils souhaitaient avoir le sandwich pour droitiers.

Chasseurs chauffants

Où : Kiosques à journaux et présentoirs à magazines

La blague : En avril 1995, un magazine scientifique intitulé *Discover* publia un article au sujet d'un biologiste ayant découvert une nouvelle espèce de mammifères vivant dans l'Antarctique. Ces animaux ressemblaient à des rongeurs ayant sur la tête de grandes plaques osseuses qui avaient la capacité de se réchauffer suffisamment pour faire fondre la glace. Cela leur permettait de creuser rapidement des tunnels dans le paysage glacé, d'où leur nom, « foreurs des glaces ». Les foreurs des glaces se nourrissaient principalement de pingouins, qu'ils chassaient en faisant fondre la glace sous les pattes de leurs proies. Ensuite, ils les encerclaient et les dévoraient.

Des rongeurs creusant des trous dans la glace, cela te semble un peu tiré par les cheveux ? Si c'est le cas, tu es moins crédule que bien des lecteurs. Le magazine *Discover* reçut de nombreuses lettres au sujet de cet article, et en reçoit encore de la part de personnes qui n'ont pas réalisé qu'il s'agissait d'un gros poisson d'avril.

Canulars en quantité

C'EST RASSURANT QUAND LES PLAISANTERIES SE PRODUISENT LE 1ER AVRIL. ON SAIT ALORS QU'ON NOUS A JOUÉ UN TOUR, QUE C'EST UN POISSON D'AVRIL. EN D'AUTRES TEMPS, DES FARCES ET DES CANULARS COMPLEXES NOUS PRENNENT PAR SURPRISE TOUT AU LONG DE L'ANNÉE. LE MOMENT EST VENU DE TE FAIRE BERNER !

Un canular géant

Voici un canular des plus solides. En 1868, George Hull, un fabricant de cigares, acheta un bloc de gypse de cinq tonnes en Iowa. Il l'envoya secrètement à Chicago, où il fit sculpter une statue d'un homme, pesant 1 360 kilogrammes et mesurant 3 mètres. Toujours en cachette, Hull fit transporter son « géant » sur une ferme à Cardiff, dans l'État de New York, où il fut enterré dans un marais. Un an plus tard, Hull demanda à des travailleurs de creuser un puits exactement à l'endroit où son colosse était enseveli. Quand les hommes le découvrirent, des rumeurs se répandirent, affirmant qu'il s'agissait du corps pétrifié d'un géant. Les gens venaient de loin pour le voir. Les hôtels affichaient complet ; les restaurants réalisaient des affaires d'or, tout comme Hull, qui faisait payer les gens qui voulaient voir le géant. Des scientifiques firent toutefois remarquer qu'on n'avait aucune preuve que la chair humaine pouvait être pétrifiée. En décembre 1869, Hull reconnut qu'il s'agissait d'un canular géant.

... les travailleurs n'avaient pas remarqué le géant ?

Une invasion de Martiens

Dans les années 1930, la plupart des foyers avaient la radio, et la plupart des stations présentaient des pièces de théâtre. L'une des émissions les plus célèbres était le *Mercury Theater on the Air*, dont le metteur en scène étoile était le jeune Orson Welles. En octobre 1938, cette compagnie de théâtre diffusa son adaptation d'un roman intitulé *La guerre des mondes*, racontant l'invasion de la Terre par des créatures venues de l'espace. Welles savait que les auditeurs avaient l'habitude de voir la représentation interrompue par des flashs d'information de dernière heure. C'est ce concept qu'il utilisa dans son adaptation. La mise en scène traita l'invasion comme s'il s'agissait d'un reportage en direct, avec des « reporters » sur les lieux à Grover's Mill, au New Jersey. Plusieurs auditeurs un peu partout au pays furent dupés, et certains furent effrayés. Finalement, Welles présenta ses excuses pour avoir terrifié la nation, mais l'attention médiatique qui en résulta l'aida à faire aboutir un contrat de production de films à Hollywood.

Tromperie lunaire

En 1835, le *New York Sun* était l'un des plus importants quotidiens de New York. Au cours du mois d'août, pendant six jours, le journal publia une série d'articles rapportant qu'on venait de découvrir des traces de vie sur la Lune. Les reportages affirmaient que la Lune était habitée par des castors qui marchaient sur deux pattes, et même par une bête bleue semblable à la licorne ! Mais ce n'est pas tout. Les articles révélèrent également qu'on avait observé des créatures ailées et poilues ressemblant à des singes intelligents qui parlaient entre eux. Malheureusement, lorsque 134 ans plus tard des astronautes se rendirent sur la Lune pour la première fois, ils n'y trouvèrent ni singes ailés ni licornes.

[... et des tonnes de tours]

Vous plaisantez sûrement !

Au seizième siècle en Europe, les rois payaient leurs comédiens, appelés « bouffons », pour les amuser. Les bouffons avaient l'esprit vif, et les plus audacieux jouaient souvent des tours aux membres de la famille royale qui payaient pour leurs services. Un célèbre bouffon, nommé Scogan, était employé par le roi Édouard IV d'Angleterre. Scogan contrariait fréquemment le roi Édouard et, un jour, il oublia de lui rembourser une somme d'argent. Finalement, fatigué des singeries de son clown, le souverain le condamna à mort. Toutefois, avant que la sentence soit exécutée, Scogan fit semblant de mourir et mit en scène sa propre cérémonie funèbre. Pendant les fausses funérailles, Édouard déclara qu'il pardonnait à Scogan. Entendant cela, le bouffon surgit de son cercueil pour remercier le roi.

Fausses fées

En 1917, deux jeunes filles britanniques se prirent en photo dans un jardin. Les photographies révélèrent toutefois la présence de minuscules amies ailées : des fées ! Les photos étaient suspectes, car on n'y distinguait aucun flou dû au mouvement, comme on le verrait sur la photo d'un oiseau ou d'un insecte en vol. Malgré tout, des gens se laissèrent duper par ce canular, y compris Sir Arthur Conan Doyle, l'auteur des populaires livres mettant en scène le détective Sherlock Holmes ! On révéla par la suite que les fées étaient en fait des découpages en papier attachés aux buissons.

Bêtes bizarres

Dans les années 1820, un « animal récemment découvert » appelé « Bonassus » était présenté au public britannique. On le décrivait comme ayant une tête d'éléphant, des cornes d'antilope et le derrière d'un lion. Il ne s'agissait toutefois que d'un bison américain. Le même exposant exhibait aussi un « Bactaranus », un animal dépeint comme ayant la force d'un lion et la taille d'un éléphant. C'était un chameau. L'une des falsifications les plus célèbres de cette époque fut une sirène, exposée elle aussi en Grande-Bretagne. D'après certaines informations, de 300 à 400 personnes par jour se déplaçaient pour observer cette sirène momifiée. Que voyaient-ils en réalité ? Le haut du corps d'un singe, avec la peau et les nageoires d'un saumon, tout cela cousu ensemble.

Scier la pomme

Au dix-neuvième siècle, une rumeur se mit à circuler, affirmant que la ville de New York avait un grave problème. L'île de Manhattan était en train de devenir trop lourde, à cause du trop grand nombre d'édifices construits à l'une des extrémités. On craignait que le côté plus pesant s'enfonce dans l'océan. La solution ? Scier l'île de Manhattan en deux, la retourner, puis rattacher les deux moitiés de façon à mieux repartir le poids. On raconte qu'un homme appelé Lozier se chargea du projet et rassembla des gens pour l'aider. De gigantesques scies, chacune mesurant plus de 30 mètres de long, devaient être construites. Mais le jour prévu pour le début du sciage, Lozier demeura introuvable ! Finalement, certaines personnes ont dû vouloir scier Lozier en deux, après ce canular monumental. Peu de sources confirment cette histoire ; il est possible que ça n'ait pas été une véritable plaisanterie, mais plutôt cette autre bête, une légende urbaine.

À la fin du dix-huitième siècle, des scientifiques rapportèrent en Grande-Bretagne une créature décrite comme étant « un animal amphibie ressemblant à la taupe ». Avec un corps poilu, des pattes palmées, une queue de castor et un curieux bec de canard, ça devait forcément être un canular. Mais lorsque le British Museum en reçut deux autres, un homme de science réalisa que ce n'était pas un faux : la Grande-Bretagne faisait connaissance avec l'ornithorynque d'Australie !

Sur la scène des sports extrêmes

Les gens sont emballés par les sports de compétition – les foules, l'excitation, les athlètes repoussant leurs limites. Mais les sports présentés sur ces pages poussent *vraiment* les sports à l'extrême. Alors attache bien ton casque, sois beau joueur et amuse-toi.

Repassé... à l'extrême

Les tâches domestiques t'ennuient ? Tu en as assez de devoir repasser les plis de tes pantalons ? Cesse de t'inquiéter, voici un nouveau sport qui passera à l'histoire : le repassage extrême. Ce sport est né en 1997, quand un homme de Leicester, en Grande-Bretagne, décida de combiner son passe-temps, l'escalade, et les corvées ménagères. Le repassage extrême est aujourd'hui pratiqué un peu partout dans le monde et dans des endroits assez fous. Des vêtements ont été repassés à 16 mètres de profondeur dans la mer du Nord, et à 5 895 mètres d'altitude, sur le mont Kilimandjaro, en Afrique. Il existe même des championnats de repassage, où les compétiteurs s'affrontent pour tenter de remporter le célèbre trophée Rowenta. Dans combien de temps ce nouveau sport pourra-t-il devenir une discipline olympique (surtout si les athlètes promettent de repasser les habits des membres du Comité international olympique) ?

Ohé de la baignoire !

En 1967, plus de 200 concurrents prirent part à une course dans le port de Nanaimo, en Colombie-Britannique. Pas avec des bateaux, mais plutôt des baignoires de course. Depuis cette année-là, Nanaimo est l'hôte du grand championnat mondial annuel de « course » de baignoires. La plupart des baignoires n'étant pas conçues pour flotter, les embarcations utilisées par les compétiteurs combinent le bois et la fibre de verre, sur le modèle des baignoires traditionnelles. Le simple fait de terminer la course est un exploit en soi. Certains moteurs ont calé ; des bateaux se sont brisés et ont même coulé. De gros bateaux patrouillent sur les lieux de la course et interviennent en cas de problème. Cette course est malgré tout l'occasion d'une gigantesque célébration.

Une course aux toilettes

Si ça te semble étrange de faire une course dans une baignoire, que penses-tu d'une course dans des toilettes ? Chaque année en septembre, la grande course internationale de toilettes extérieures du Klondike propose aux participants de traverser la ville de Dawson City, au Yukon, avec de vraies toilettes extérieures. Cette course suppose un véritable travail d'équipe : quatre personnes poussent la cabine et une autre est assise à l'intérieur. Les concurrents peuvent construire ou louer leurs toilettes et leur donnent souvent un nom amusant.

Des citrouilles de course

Faire la course dans les baignoires ou les toilettes, ce n'est pas ton style ? Un événement tout aussi stimulant a lieu à Windsor, en Nouvelle-Écosse, où les concurrents doivent traverser un lac dans des citrouilles géantes évidées, qui peuvent peser de 225 à 410 kilogrammes. On rapporte habituellement que deux ou trois « bateaux » coulent chaque année, la plupart du temps parce que le haut de la citrouille a été découpé trop bas, permettant à l'embarcation de se remplir facilement d'eau. Quelle que soit l'issue de la course, une chose est sûre : il y a assez de graines de citrouille pour tout le monde.

[Être beau joueur]

Tu zorbes ou pas ?

Si tu as un faible pour les descentes des collines verdoyantes en faisant des culbutes, tu aimeras peut-être entrer dans un Zorb et tenter le même exploit. Est-ce que tu te demandes ce qu'est un Zorb ? Conçu en Nouvelle-Zélande et répandu aujourd'hui partout dans le monde, le Zorb ressemble à une boule géante pour les hamsters, qui roulerait jusqu'en bas d'une pente. Une fois que le Zorb est gonflé (habituellement avec un souffleur à feuilles) et que tu es bien harnaché à l'intérieur, la sphère est poussée au bas d'une côte, te propulsant à des vitesses pouvant atteindre 50 kilomètres à l'heure, la limite de vitesse dans la plupart des rues d'une ville. Le Zorb fait une rotation tous les dix mètres, ce qui n'est pas suffisant pour te soulever l'estomac.

Fromage roulant

Chaque année, depuis plus de 200 ans, les habitants de Cooper's Hill, en Grande-Bretagne, tiennent un concours annuel de roulage de fromage. Tu te demandes ce qu'est le « roulage de fromage » ? Premièrement, trouve-toi un morceau de fromage Gloucester. Tu as aussi besoin d'une jolie colline bien à pic, plus précisément Cooper's Hill. Quand tous les participants sont prêts, chacun fait rouler son fromage en bas de la pente et se met à courir derrière lui à toute vitesse. La course est remplie de chutes et de culbutes, et pas seulement celles des fromages. Et que remporte le grand gagnant ? Il peut garder le fromage.

L'année 2003 a été marquée par un bris dans la tradition : le concours de roulage de fromage de Cooper's Hill a été annulé en raison d'un tremblement de terre !

Poisseuse plongée

Llanwrtyd Wells, au pays de Galles, est le plus petit village de Grande-Bretagne. C'est là qu'ont lieu chaque année les World Bog Snorkeling Championships (championnats mondiaux de plongée libre dans un marais). La plupart des gens aiment faire de la plongée libre pour pouvoir admirer des paysages sous-marins magnifiques et découvrir une vie marine fascinante. Mais même si la vie marine y est certainement très abondante – ainsi que les scorpions d'eau et autres insectes –, les championnats de plongée dans un marais ne donnent que peu de visibilité à leurs participants. Chaque année, les concurrents s'aventurent dans une tranchée de 55 mètres de long et de un mètre de profondeur creusée dans la tourbière marécageuse de Waen Rhydd. Revêtus de leur masque, de leur tuba et de leurs palmes, les plongeurs doivent nager deux longueurs, sans utiliser les mouvements habituels de la nage. La personne avec le meilleur temps en ressort gagnante (et aussi plutôt gluante). Des gens viennent de partout dans le monde, y compris d'Europe, d'Australie et d'Amérique du Nord. Plusieurs portent une combinaison de plongée pour accomplir cette tâche nauséabonde, mais on a aussi vu des participants revêtus de peinture corporelle, de complets et même de tutus.

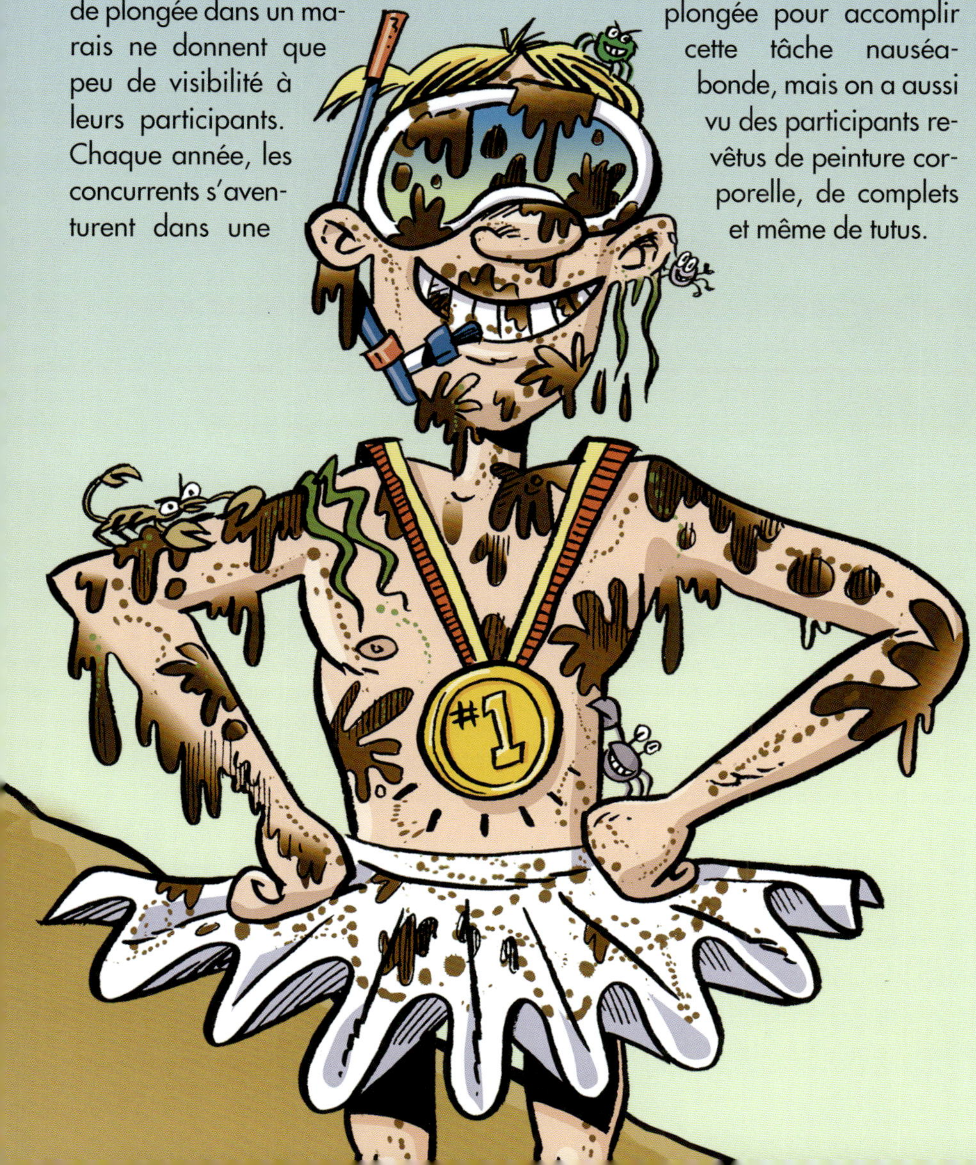

Événement im-pied-sonnant

Tout a commencé en 1976, au Ye Olde Royal Oak Inn de Wetton, en Grande-Bretagne, où les gens du coin souhaitaient trouver un nouveau sport inconnu de tous. Ainsi naissait le *toe wrestling*, ou lutte avec les orteils ! Si après quelques années les concours avaient fini par disparaître, le *toe wrestling* fut relancé en 1990, quand le propriétaire de l'auberge découvrit les anciennes règles et décida de faire connaître le sport à un vaste public. En 1994, les World Toe Wrestling Championships étaient devenus un événement annuel. Voici comment jouer : les concurrents doivent toujours laisser le pied non participant dans les airs, mais leurs fesses doivent constamment être en contact avec le sol. Les pieds combattants (sans chaussettes) sont insérés dans un support à orteils (déposé sur une plateforme) qui empêche les talons de glisser. On emboîte les gros orteils des deux compétiteurs qui, au signal de l'arbitre, tentent de faire tomber du support à orteils le pied de leur adversaire. Le grand gagnant est le premier à remporter deux parties.

PALMARÈS DES SPORTS POUVANT ÊTRE PRATIQUÉS DANS UN MARAIS

5. La pêche aux sangsues
4. La nage synchronisée en tourbière
3. Le maraisketball
2. Le patinage artistique (quand le marais est gelé)
1. Le rafting de marais (rapides obligatoires)

Confort extrême

DANS NOTRE RECHERCHE DE CONFORT, IL NOUS ARRIVE BIEN SÛR DE DÉPASSER LES BORNES AVEC NOS LITS GRIFFÉS, NOS TÉLÉCOMMANDES ET NOS PRODUITS DE BEAUTÉ. NOUS, LES HUMAINS, AIMONS NON SEULEMENT NOUS CHOUCHOUTER, MAIS NOUS NOUS DONNONS AUSSI BEAUCOUP DE MAL POUR NOS AMIS À QUATRE PATTES.

Le chien maire

En Californie, les élections municipales ont du chien ! En 1981, dans la petite municipalité de Sunol, un chien noir, mi-labrador, mi-rottweiler, appelé Bosco a battu deux candidats humains à l'élection au poste de maire honoraire de la ville. Bosco a conservé sa noble fonction pendant près de dix ans. On pouvait le voir présider les défilés, revêtu d'une veste et d'un insigne.

Cheval d'empereur

Il y a plus de deux mille ans, l'empereur romain Caligula aimait beaucoup son cheval, Incitatus. Il semble que ce fortuné animal disposait d'une mangeoire en ivoire, d'une stalle en marbre, de couvertures violettes et d'un collier de pierres précieuses. Certains récits rapportent que Caligula conviait Incitatus aux banquets et aurait même tenté de lui donner certains pouvoirs politiques. Une idée au poil !

Mariage félin

Lorsque les cloches retentirent au mariage de Phet et de Plou, deux chats (oui, des chats !), ce fut une noce des plus extravagantes. Cinq cents invités y assistaient. Les deux chats arrivèrent en hélicoptère et en limousine. Le témoin du marié était un perroquet, et la demoiselle d'honneur, un iguane.

Finie la litière

Le lion a beau être le roi de la jungle, ce trône-ci est réservé aux chats domestiques. À côté de lui, le bac à litière risque d'avoir l'air dépassé. Mais il y a un hic : le propriétaire du chat devra partager ses toilettes avec son compagnon. Le siège le plus en vogue dans l'univers félin est le CatSeat^MD, qu'on attache à un siège de toilettes pour que minet s'habitue à utiliser le même que toi. Bientôt, tu le verras se promener avec tes pantoufles et ta robe de chambre !

Choyé, le chat !

À Londres, en Grande-Bretagne, un chat vagabond nommé Tinker se trouva un jour une propriétaire âgée. Celle-ci mourut en 2002, mais Tinker fut loin de se faire mettre à la porte. En effet, la vieille dame l'aimait tellement qu'elle lui avait légué sa maison de trois chambres et un bel héritage. Mais voici le hic : si jamais Tinker en a assez de la vie de château et décide d'abandonner le luxe, la maison revient aux voisins (humains).

Taxiii !

Ton ami à quatre pattes doit parfois se rendre quelque part, mais n'a pas encore appris à conduire la voiture familiale ? Que faire ? Appelle Taxi-4Pattes. Aux États-Unis, il existe un service de taxis destiné aux animaux, qui les amène chez le vétérinaire, chez le toiletteur ou même à l'aéroport. Taxi-4Pattes a également sauvé la vie de quelques chiens dans le besoin en les conduisant de toute urgence chez le vétérinaire. Ce service n'est pas réservé aux chiens et aux chats ; on rapporte que même de grosses tortues et des bébés requins sont montés à bord pour faire un tour en ville.

Service au volant

Supposons que tu es en voiture et que ton chien a besoin de manger sur le pouce. Si tu te trouves à Niles, au Michigan, tu peux t'arrêter au Doggie-Drive-Thru^MD. Oui, il existe désormais un véritable service au volant qui vend de la nourriture santé pour les chiens, les chats… et même les humains. L'essentiel du menu se compose de gâteries en forme de hamburgers et de bretzels. Et si Fido a le goût de fêter, Doggie-Drive-Thru^MD organise également des goûters d'anniversaire pour chiens et fournit les chapeaux de fête, les sacs à surprises et des Pattes glacées, un dessert pour toutous gourmands.

[Confort extrême, 2e partie]

Hôtel de luxe

L'America Dog and Cat Hotel sait comment créer une expérience de luxe. Le sol y est recouvert de tapis orientaux, des tableaux représentant des animaux sont accrochés aux murs et du pot-pourri embaume l'air. En plus de jouets à mâcher, des téléviseurs et de la musique relaxante sont mis à la disposition des hôtes à quatre pattes. Les chats peuvent décompresser dans des condos à trois étages, avec des lits, des lampes chères et des minitéléviseurs. Et, par-dessus tout, les animaux peuvent socialiser dans la zone en plein air. Si ça te semble tentant au point de vouloir t'y inscrire, rappelle-toi que, pour accéder à la zone en plein air, les visiteurs doivent présenter une preuve de vaccination et de castration.

Vachement bien, ce lit

Ton lit n'offre pas suffisamment de support ? Tu passes la nuit à te tourner et à te retourner ? Tu aimes boire du lait ? Si tu as répondu « oui » à l'une de ces questions, tu voudras peut-être te rendre sans tarder dormir dans une ferme laitière et te joindre à ces vaches qui se prélassent dans le confort de leur lit d'eau ! Celui-ci est formé de deux couches de caoutchouc résistant avec, entre les deux, un compartiment rempli d'eau. Quand les vaches s'y étendent pour faire un somme, le matelas épouse la forme de leur corps. Certains fermiers ont découvert que, lorsqu'elles avaient dormi confortablement, leurs vaches produisaient plus de lait.

La ville des écureuils

Si tu étais un écureuil, de préférence noir, l'endroit que tu considérerais le plus comme ton chez-soi serait probablement Marysville, au Kansas. En entrant dans la ville, tu verras des affiches annonçant « Marysville, Kansas, la ville des écureuils noirs ». On y chante un hymne aux écureuils, et une célébration annuelle leur est consacrée. On raconte qu'il n'y avait aucun écureuil noir à Marysville avant les années 1800 ou 1920 (ça dépend de qui relate l'histoire), mais on y rattrape le temps perdu. Les écureuils noirs ont la priorité dans les rues et aux passages à niveau, et ils peuvent s'introduire là où bon leur semble. Si tu fais du mal à l'un de ces petits rongeurs, même de façon accidentelle, tu recevras une amende de 25 dollars. Quelle vie d'écureuil !

Couches pour oiseau

Aujourd'hui, enfin, les oiseaux peuvent être libérés de leur cage. Si ton copain ailé a envie de sortir, tu voudras peut-être investir dans un FlightSuit^MD, une couche conçue spécialement pour les volatiles. Ce produit ressemble à une salopette qui recouvre le corps de l'oiseau et s'attache derrière les ailes, permettant à l'oiseau de battre des ailes librement. La couche elle-même comprend une poche qui recueille les excréments, gardant les éclaboussures nauséabondes loin du corps de l'animal. Le FlightSuit^MD n'est pas réservé aux oiseaux exotiques comme le perroquet et l'ara. Il existe en différentes tailles, convenant par exemple aux pigeons et aux colombes utilisées par les magiciens. On retrouve également une gamme de couches destinée aux animaux de la ferme comme le canard, l'oie et le poulet. Les possibilités semblent infinies…

… les dindons produisaient une vidéo d'entraînement ?

Dindons et tapis roulants

Nous avons passé beaucoup de temps à parler des moyens que les humains mettent en œuvre pour permettre aux animaux de paresser et de profiter des bonnes choses de la vie. Mais, parfois, les animaux ont aussi besoin d'un peu d'exercice. En 1996, à l'Université Harvard, des chercheurs ont placé des dindons sur des tapis roulants. Ils tentaient de déterminer l'effet de l'activité physique sur les animaux. Dans le cadre de cette expérience scientifique, certains dindons ont dû souffler comme des bœufs sur le tapis roulant tous les jours de l'été jusqu'au début de l'automne, pour permettre la comparaison avec un groupe de dindons inactifs. On ignore toujours si les chercheurs ont inscrit les dindons à des cours de danse aérobique ou de yoga.

Vas-tu vraiment avaler ça ?

DES GENS D'UN PEU PARTOUT DANS LE MONDE MANGENT TOUTES SORTES DE CHOSES. MAIS PEU IMPORTE OÙ TU HABITES, CERTAINS ALIMENTS DÉPASSENT LES BORNES. ILS SONT ÉTRANGES, ILS SONT INHABITUELS ET, QUI SAIT... ILS SONT PEUT-ÊTRE SAVOUREUX.

Ragoûtants, ces restes !

Il y a environ 36000 ans, un bison de la steppe fut tué par un lion près de Fairbanks, en Alaska. L'animal à moitié mangé finit par être enseveli dans la terre gelée, la froide température du pergélisol conservant la viande et l'empêchant de se gâter. Des années plus tard, en 1979, on aperçut une de ses pattes sortant du sol. Le bison fut exhumé et remisé au congélateur. La chair qui était demeurée attachée aux os était encore rouge et avait l'odeur d'un mélange de bœuf et de poussière. En avril 1984, des scientifiques décidèrent de faire cuire un peu de la viande congelée dans un ragoût. Ils étaient les premiers humains de l'ère moderne à manger du bison datant du pléistocène (période allant d'il y a 1,8 million d'années à il y a 10000 ans). Étonnamment, d'après une des personnes qui y ont goûté, la viande avait un goût « agréable ».

Remède de momie

Il y a des dizaines de milliers d'années, les anciens Égyptiens faisaient des momies pour préserver le corps de leurs morts. Des années plus tard, des gens exhumèrent les momies et les trouvèrent recouvertes d'une substance visqueuse noire semblable au goudron. On crut alors que c'était ce qu'on appelait du bitume. Au douzième siècle, certains affirmèrent que le bitume avait des propriétés médicinales. On déterra des momies et on les pulvérisa. Ce médicament, la « momie en poudre », servait à traiter les coupures, la toux, le mal de tête et les douleurs à l'estomac. Toutefois, non seulement les momies ne contiennent pas de bitume, mais l'ingestion de la momie en poudre pouvait causer la mauvaise haleine, des crampes et des vomissements.

Extra, ce soda

Que dirais-tu de terminer une enlevante partie de soccer en engloutissant une canette de Pocari Sweat ? Il s'agit d'une boisson énergisante japonaise. Mais ne crains rien, contrairement à ce que le mot anglais « *sweat* » pourrait suggérer, elle ne renferme aucune sueur. Le nom peut sembler étrange, mais la boisson contient des ingrédients présents dans les liquides corporels de l'être humain, comme le sodium et le potassium, qui se retrouvent quotidiennement dans ta sueur, surtout lors d'un exercice prolongé.

Plumé et pétillant

La dinde avec sauce est le plat traditionnel de l'Action de grâce, le plus souvent servi chaud dans une assiette, pour que tu puisses en déguster chaque bouchée. Eh bien, plus besoin de mâcher ! Ce plat traditionnel est désormais une essence de boisson gazeuse. En 2003, la compagnie Jones Soda a lancé le soda à la dinde et à la sauce, qui s'est remarquablement bien vendu. En trois heures, 6 000 bouteilles de cette chose furent vendues sur le site Web de la compagnie. Sur un autre site, des enchères grimpèrent jusqu'au montant prodigieux de 63 $ par bouteille ! L'entreprise a également créé d'autres parfums étranges de soda, comme jambon en conserve et taco au poisson. Difficile de savoir s'il faut avoir faim ou soif…

PALMARÈS DES CINQ ESSENCES DE SODA QU'ON AIMERAIT VOIR

5. Splendide saucisson
4. Fameux fromage bleu
3. Audacieuse asperge
2. Fabuleux foie
1. Bâtonnet de poisson mystère

[... encore manger en s'amusant]

Tiens-toi bien!

Les règles pour savoir comment bien se tenir à table existent depuis des années. Un guide égyptien, intitulé *Les instructions de Ptahhotep*, a probablement été écrit autour du vingtième siècle avant Jésus-Christ (il y a très, très longtemps). Des manuels datant environ du treizième siècle présentaient aussi les bonnes manières à table. Parmi les règles à suivre: éternuer, cracher et faire du bruit avec ses lèvres étaient à proscrire. Un guide mentionne qu'il n'était pas acceptable de se moucher dans une nappe ou de se curer les dents avec un couteau. En passant, ces règles sont encore en vigueur aujourd'hui !

Sottises, ces serviettes

À une certaine époque, au Moyen-Âge, des personnes ont cessé de s'essuyer la bouche sur la nappe et se sont mis à utiliser des morceaux de tissu plus petits pour se laver les mains et le visage. La serviette de table était née! Les premières serviettes de table étaient assez grandes; en effet, les gens mangeaient encore avec leurs doigts et avaient tendance à se salir assez rapidement. À l'occasion des repas vraiment raffinés, plier soigneusement les serviettes était devenu un art. Lors d'un banquet à Rome au seizième siècle, on rapporte que les serviettes avaient été pliées autour d'oiseaux vivants. Quand les invités ouvraient leurs serviettes de table, les animaux s'envolaient, avant de faire leurs besoins, espérons-le!

Nourriture stylisée

T'arrive-t-il souvent de saliver en voyant une publicité télévisée annonçant un juteux hamburger grillé sur feu de bois, garni de croustillante laitue et de tranches de tomate d'un rouge éclatant ? Si tu savais ce que tu regardes en réalité, ta bouche aurait tendance à s'assécher. La plupart des annonceurs embauchent des stylistes culinaires, qui font en sorte que les aliments paraissent frais et appétissants toute la journée. En effet, parce que le tournage d'une réclame nécessite plusieurs heures de tournage, un hamburger risque de ne pas avoir l'air aussi alléchant au fur et à mesure que le jour avance. Parfois, les boulettes de viande ne sont grillées que très légèrement, l'intérieur étant encore cru (pour qu'elles aient l'air fraîches). Enduire une boulette de vaseline lui donne un aspect luisant. On peut utiliser du carton ou une pellicule de plastique pour séparer la laitue et les tomates, et les empêcher de se détremper et de ramollir. Il arrive même qu'on colle des grains de sésame supplémentaires sur le petit pain. La crème glacée est un autre aliment qui subit de telles transformations. Comme elle fondrait sous les projecteurs du studio, se transformant rapidement en une mare visqueuse, c'est souvent une boule de graisse végétale ou de purée de pommes de terre qui la remplace. En procédant à ces substitutions, l'annonceur évite de gaspiller inutilement de la nourriture.

Déguster avec doigté

Tu en as assez de te faire dire comment manger ? Eh bien, cesse de t'inquiéter ! Il y a certaines choses que même les rois ont la permission de manger avec leurs doigts. Les asperges peuvent être dégustées sans ustensiles, à condition qu'elles ne soient pas couvertes de sauce et que les tiges ne soient pas trop molles. (En passant, les règles de politesse ne te permettent pas d'en laisser pendre deux morceaux de ta bouche et d'affirmer aux autres convives que tu es un « *morsus asparagus* », une espèce rare et en voie de disparition.) Pour ce qui est du maïs en épi, utiliser un couteau et une fourchette serait tout simplement ridicule. Mais tu es censé étendre le beurre sur ton épi seulement quelques rangées à la fois et manger le long de l'épi en ligne droite, comme une ancienne machine à écrire. Pas besoin toutefois de laisser échapper un « ding » à la fin de chaque ligne !

Pubs pleines de péripéties

LA PUBLICITÉ EXISTE PRATIQUEMENT DEPUIS QUE LES HUMAINS ONT EU DES PRODUITS OU DES SERVICES À VENDRE. POUR ATTIRER TON ATTENTION, LES COMPAGNIES PRODUISENT DES MESSAGES PUBLICITAIRES ACCROCHEURS OU PRÉSENTENT DES PROMOTIONS ORIGINALES. VOICI QUELQUES-UNES DES CAMPAGNES ET DES HISTOIRES LES PLUS EXCENTRIQUES DU MONDE DE LA PUBLICITÉ.

Coups publicitaires

Des années 1930 à sa retraite dans les années 1980, Jim Moran, un attaché de presse, a orchestré certains des coups publicitaires les plus ridicules, ses idées attirant inévitablement l'attention des médias. Par exemple, revêtu d'un déguisement d'autruche, Moran s'est lui-même assis sur un œuf d'autruche jusqu'à son éclosion plus de 19 jours plus tard, pour faire la promotion du film *L'œuf et moi.* Dans le cadre d'un autre coup, il fut payé pour déterminer à quel point il était difficile de trouver une aiguille dans une botte de foin. On le plaça devant une botte de foin de 3,7 mètres dans laquelle on avait dissimulé une seule aiguille. Moran la découvrit après plus de 80 heures de recherche. Trouver une aiguille dans une botte de foin n'est pas la seule expression célèbre que Moran a décidé de tester. Il a également conduit un éléphant dans un magasin de porcelaine de New York… mais l'animal n'a absolument rien brisé ! Expérience décevante pour les médias, mais pas pour le propriétaire de la boutique.

Nom de nom!

Parfois, en publicité, il suffit d'avoir le bon nom. Dans une de ses campagnes de publicité, la compagnie de pneus Dunlop Tires proposa une somme d'argent aux gens dont le nom de famille était Dunlop. Le hic? Ces personnes devaient changer leur nom pour Dunlop-Tire. Au Canada, quatre Dunlop modifièrent légalement leur patronyme. Ajouter ces quatre lettres à leur signature a rapporté à chacun d'eux 6000 $! L'entreprise Dunlop, qui n'est pas étrangère aux campagnes publicitaires étranges, a également tenu des événements mettant en scène des lutteurs sumos et des concours de plongeons ratés (plats). Elle a même invité 100 personnes à rouler des pneus dans les rues de Toronto.

Le gars des poudings

Quand David Phillips (alias «le gars des poudings») prit connaissance d'une réclame de la compagnie Healthy Choice Food offrant à ses clients 500 milles de fidélité en échange de 10 codes de ses produits, il s'empressa de remplir son chariot d'épicerie de soupes Healthy Choice. Il se rendit ensuite dans les supermarchés de la ville et acheta suffisamment de coupes de desserts pour remplir une minifourgonnette. À la fin de la promotion, David s'était procuré plus de 3000 $ de produits Healthy Choice. Il fit don de la plupart de ces aliments à des organismes de charité, mais il reçut suffisamment de milles aériens pour faire 50 allers-retours n'importe où aux États-Unis, ou 30 allers-retours vers l'Europe!

Un tout petit coin de terre

Dans les années 1950, une populaire émission de radio mettant en scène un policier de la Gendarmerie royale du Canada qui luttait contre le crime au Yukon fut adaptée pour la télévision. Un publicitaire eut l'idée de profiter du succès de la série pour faire la promotion d'une compagnie de céréales. Le projet consistait à donner des lopins de terre au Yukon. La compagnie acheta, au coût de 1 000 $, un terrain près de la ville de Dawson, rendue célèbre par la ruée vers l'or. Elle le subdivisa en 21 millions de parcelles carrées, chacune mesurant 3 centimètres de côté. Les titres de propriété de ces minuscules lots furent placés dans des boîtes de céréales, sur lesquelles on annonçait: «GRATUIT: Terrain pour prospection d'or». Résultat: la compagnie fit des affaires d'or grâce à cette campagne, les 21 millions de boîtes de céréales se vendirent en quelques semaines. Mais un problème survint: l'entreprise omit de payer les taxes foncières et, dix ans plus tard, le terrain fut saisi à cause d'un compte impayé de 37,20 $. Longtemps, ces titres de propriété demeurèrent sans valeur. Aujourd'hui, ce sont des objets de collection!

Dépenser sans compter

AVOIR DE L'ARGENT, C'EST UTILE QUAND TU DOIS ACHETER DES CHOSES IMPORTANTES, COMME DE LA NOURRITURE ET DES VÊTEMENTS. ET SI TU AVAIS DES MILLIONS À DÉPENSER ? SI TU AS DE L'ARGENT À FLAMBER, OU SI TU VEUX SIMPLEMENT IMAGINER CE QUE CE SERAIT D'EN AVOIR, VOICI QUELQUES IDÉES.

Un jeu brillant

Tu aimes t'amuser et tu souhaites investir dans quelque chose d'amusant ? Pourquoi pas un jeu de société ? Sidney Mobell, bijoutier à San Francisco, a réalisé une version du jeu de Monopoly^MD dont la planche est faite en or. Toutes les pièces, y compris les maisons, les hôtels et les dés, sont en or ! Cent cinquante-six pierres précieuses et semi-précieuses sont incrustées dans la planche de jeu et dans les pièces.

Si jamais tu joues au Monopoly avec le jeu de Mobell, assure-toi de ne pas perdre de pièce sous le sofa. Cet ensemble est évalué à environ 2 millions de dollars !

Les jeux de société ne sont pas les seules choses que Mobell a converties en objets de luxe. Parmi ses autres œuvres, mentionnons une trappe à souris en or (avec un morceau de fromage en diamant) et une sucette pour bébé en or, avec huit diamants !

Salle de bains dorée

Si tu passes par Hong Kong, tu aimerais peut-être faire une pause pipi à la boutique 3-D GOLD, située dans le hall d'exposition touristique. Dans cette boutique, les bijoux ne sont pas les seuls à valoir le détour. Le propriétaire, Lam Sai Wing, a investi plus de quatre millions de dollars dans la salle de bains de la bijouterie, où l'or scintille littéralement. On y retrouve des carreaux et un lavabo en or… et oui, même les toilettes sont faites d'or massif (c'est aussi le cas de la brosse qui sert à les nettoyer). Pour embellir le tout avec une touche de couleur, le plafond est parsemé d'émeraudes et de rubis éclatants.

Bonbons voyageurs

Certaines friandises se sont rendues dans des endroits reculés du monde et se sont vendues à des prix exorbitants. En 2001, une tablette de chocolat qui avait accompagné Robert Scott dans son expédition en Antarctique au début du vingtième siècle a été vendue aux enchères pour 710 $! Lors de la même vente, un biscuit provenant de la tentative de traversée de l'Antarctique par Sir Ernest Shackleton (1914-1916) s'est vendu 7 637 livres sterling (11 383 $) ! Imagine le nombre de biscuits normaux – et non rassis – que tu peux acheter pour ce prix-là !

Tiré par les cheveux ?

Les cheveux sont une ressource que les gens célèbres (qui ne sont pas chauves) produisent sans arrêt et qui peut rapporter une fortune. C'est ce qui est arrivé en 2002, quand une touffe de cheveux ayant appartenu à Elvis Presley, le roi du rock'n'roll, fut vendue aux enchères en ligne. Elle avait environ la grosseur d'une balle de baseball. Pendant plus de vingt ans, le coiffeur personnel d'Elvis avait ramassé la boule de cheveux géante. Ça valait la peine d'attendre : les cheveux se sont vendus à plus de 100 000 $.

Étranges musées

À QUOI PENSES-TU QUAND TU VOIS LE MOT « MUSÉE » ? À DES DINOSAURES ? À D'ANCIENNES MOMIES ÉGYPTIENNES ? À DES ARMURES ? À DES ŒUVRES D'ART INESTIMABLES ? POURQUOI PAS À DES BANANES, À DES SIÈGES DE TOILETTES ET À DES COQUERELLES ? TU NE CROYAIS PAS EN TROUVER DANS UN MUSÉE ? CONTINUE À LIRE… ET DÉTROMPE-TOI.

Des bananes ? Quel bonheur !

En 1972, alors qu'il assistait à un congrès d'affaires ennuyeux, Ken Bannister décida d'égayer la vie des gens en remettant des bananes jaunes autocollantes à tous les participants. Ceux-ci trouvèrent l'idée de Bannister amusante et se mirent à lui envoyer par la poste toutes sortes de choses en forme de banane. Avec le temps, la collection de Ken prit de l'ampleur et, en 1976, il ouvrit à Altadena, en Californie, le plus grand musée de bananes au monde. Aujourd'hui, sa galerie expose plus de 17 000 objets et est divisée en sections. La section « souple » présente des bananes en peluche, une tente et même un sofa en forme de banane. La section « dure » contient des bananes en plomb, en cuivre et, oui, en ciment. Il y a même une banane pétrifiée qui date des années 1975 (elle fut trouvée après cinq ans dans une garde-robe). À ce jour, personne n'a glissé sur une peau de banane en entrant dans le musée.

Musée d'art affreux

En 1992, un marchand d'antiquités trouva un tableau encadré dans une poubelle. Pensant que le cadre valait peut-être quelques dollars, il le ramassa délicatement et comprit pourquoi la peinture s'était retrouvée aux déchets. Il s'agissait du portrait étrange d'une femme flottant au-dessus d'un champ de marguerites. C'était tellement affreux que c'en était bon. Le vendeur d'antiquités savait qu'il était sur une piste. Aidé d'un ami, il fonda le Museum of Bad Art (Musée d'art affreux) à Dedham, au Massachusetts. Le musée, qui a ouvert ses portes en 1993, présente des œuvres d'art qui sont « trop affreuses pour être ignorées ». Parmi les œuvres exposées, mentionnons un clown diabolique et le portrait d'un homme assis sur des toilettes. Le musée est toujours à la recherche de nouvelles productions. Mais attention : la plupart des œuvres qui sont envoyées au musée d'art affreux sont rejetées, faute d'être suffisamment affreuses. Le musée recherche vraiment des artistes qui ont essayé, mais qui ont échoué de façon spectaculaire.

Le roi des condiments

Si tu aimes vraiment étendre de la moutarde sur ton hot dog, alors il te faut absolument faire un arrêt au Mount Horeb Mustard Museum (Musée de la moutarde), au Wisconsin. C'est un avocat, Barry Levenson, qui a fondé ce musée entièrement dédié à la moutarde, l'un des condiments les plus vieux du monde, qui remonte au temps de l'Égypte ancienne. Les visiteurs peuvent admirer plus de 4 000 variétés de moutarde provenant des quatre coins de la planète, incluant le Sri Lanka, Israël et la Chine. Le musée présente même la vidéo *Mustard-piece Theatre* et expose de vieux pots et d'anciennes publicités de moutarde. Levenson propose également des cours, comme la sociologie de la moutarde. Si tu réussis suffisamment de cours, tu pourrais obtenir ton propre doctorat en moutarderie (DM).

Un talent pour les toilettes

Qu'est-ce qui se produit quand un homme décide de combiner l'art et une carrière de plombier ? Pendant plus de 35 ans, Barney Smith a créé des œuvres inusitées. Contrairement à la plupart des peintres, il ne peint pas sur des toiles, mais sur des couvercles de toilettes. Tout a commencé en 1970, lorsque Smith a réalisé le montage des bois d'un chevreuil sur un couvercle de toilettes. Aujourd'hui, il a produit plus de 720 œuvres d'art de sièges de toilettes et il les expose depuis 1992 au judicieusement nommé Barney Smith Toilet Seat Art Museum, situé au Texas.

Ken Bannister est aussi le fondateur de l'International Banana ClubMD, qui compte des membres dans plus de 25 pays et attribue des diplômes, comme la maîtrise ou le doctorat en bananisterie, aux membres qui obtiennent des points de mérite bananes.

Comment cela se compare-t-il au doctorat en moutarderie ?

Rigolotes réjouissances

TU CHERCHES UNE RAISON DE CÉLÉBRER ? ON DIRAIT QU'IL N'Y A PAS DE LIMITES AUX TYPES DE CHOSES POUVANT SERVIR DE PRÉTEXTE À UNE FÊTE. EN VOICI QUELQUES-UNES QUE TU PEUX ESSAYER, HISTOIRE DE VOIR SI CERTAINES TE CONVIENNENT.

Charmants vers de terre

As-tu seulement un joli minois ou bien as-tu ce qu'il faut pour charmer les vers et les inviter à sortir de terre ? Depuis 1980, on tient à Nantwich, en Grande-Bretagne, les World Worm Charming Championships (Championnats du monde de charmeurs de vers de terre). Dans le cadre de ce festival annuel, les concurrents tentent de convaincre des vers de sortir de terre sur une parcelle de terrain, en utilisant tous les charmes qu'ils peuvent imaginer. Certains essaient avec une musique tonitruante ou en dansant la claquette, mais, habituellement, les vibrations d'un râteau sont les plus efficaces. La personne qui arrive à charmer le plus de vers de terre après 30 minutes remporte le Golden Worm Trophy (trophée du Ver en or). Un trophée en argent est remis à celui ou celle qui attire le plus gros lombric. Le record du plus grand nombre de vers charmés fut très tôt établi par un homme qui réussit à en faire sortir 511 !

... on organisait des compétitions de charmeurs de grands requins blancs?

Course de coquerelles

Si tu as un petit faible pour les insectes, tu voudras peut-être aller faire un tour à l'Université Purdue, en Indiana, qui accueille le Bug Bowl. Ne manque surtout pas la palpitante All-American Trot, une course de coquerelles vivantes qui se déroule sur la piste Roachill Downs. Les jockeys se disputent la Old Open Can (Vieille poubelle ouverte), une poubelle de bronze surmontée d'une coquerelle. Bien que certains des jeux puissent paraître stupides, le Bug Bowl permet aux gens de découvrir le rôle des insectes dans la nature. Il donne également l'occasion de découvrir le goût des insectes eux-mêmes, grâce à des biscuits, gâteaux et autres friandises aux bibittes.

Rock'n'roll'n'air

T'est-il déjà arrivé d'écouter un disque rock et de regretter de ne pas être celui qui joue ce solo de guitare endiablé devant un immense stade bondé ? Si oui, tu n'es pas le seul. Chaque année depuis 1996, les Championnats du monde d'Air Guitar (ou « guitare sans guitare »), qui font la promotion à la fois du rock et de la paix sur terre, se tiennent en Finlande, dans le cadre du Oulu Music Video Festival. Les règlements sont simples : chaque participant monte sur scène pour exécuter deux portions de une minute tirées de pièces de rock, une portion au choix et l'autre imposée par les organisateurs de l'événement. L'instrument des musiciens doit être invisible, mais ça peut aussi bien être une guitare acoustique qu'électrique. Les concurrents obtiennent des points pour des éléments comme le mérite artistique, l'originalité, le charisme et… leur qualité « aérienne ». Tu crois avoir ce qu'il faut ? Augmente le volume de ta chaîne stéréo et commence à t'entraîner.

Le Festival du fumier

Les crottes d'animaux font un excellent fertilisant et sont riches en éléments nutritifs essentiels pour la plupart des plantes en pleine croissance. Quand les résidents de Desmond, en Ontario, tentaient de récolter des fonds pour retaper la petite école rouge du village, ils se sont demandé ce qu'ils avaient à offrir. Eh bien ! du crottin, beaucoup de crottin, voilà ce qu'ils ont : du crottin de poulet, de vache, de porc, de mouton. Prenant conscience de l'importance de cette ressource, ils ont organisé un festival célébrant le crottin d'animal, appelé Manurefest (Festival du fumier). Ramasser tout ce crottin, c'était un peu comme trouver une mine d'or. Les sacs de fumier convenablement composté se sont fort bien vendus. On a même commercialisé un mélange de première qualité, un fumier de mouton et de cheval. Aujourd'hui encore, Desmond est fière d'être la capitale ontarienne, et peut-être même mondiale, du fumier.

Invasion de canetons !

Tout a commencé en Arizona. Des canards de plastique, « adoptés » par des gens, furent jetés à la rivière pour faire la course, dans le but de recueillir des fonds pour un organisme de bienfaisance. Aujourd'hui, les courses de canards sont devenues un phénomène planétaire. On les retrouve notamment à Singapour où, chaque année depuis 1998, se tient la Great Singapore Duck Race (la Grande Course de canards de Singapour). Le jour de la course, un immense camion à benne rempli des canards de plastique adoptés recule près de la rivière Singapour et y laisse tomber son chargement. Plus de 123 000 canards furent mis à l'eau en 2002. Un record mondial !

La page des casse-cou

IL EXISTE DE BONNES RAISONS D'AVOIR PEUR DE CERTAINES ACTIVITÉS. IL S'AGIT D'UN SIMPLE MÉCANISME DE SURVIE. POURTANT, ON DIRAIT QU'IL Y A TOUJOURS QUELQUES PERSONNES QUI AFFRONTENT LA PEUR ET TENTENT DES EXPLOITS TÉMÉRAIRES. TU **NE** DOIS **PAS** ESSAYER CES CHOSES À LA MAISON, MAIS ÇA T'AMUSERA PEUT-ÊTRE DE LIRE AU SUJET DE CES EXPLOITS EXTRÊMES.

Maître de la moto

Robert Craig Knievel, mieux connu sous le nom de Evel Knievel, connaît quelques endroits intéressants pour faire de la moto. Au milieu des années 1960, il a commencé à exécuter des prouesses audacieuses en moto. Pourquoi prendre la route la plus facile quand on peut traverser des murs de flammes ou sauter par-dessus d'autres véhicules ? À ses débuts, Evel a bondi par-dessus des serpents à sonnette vivants, mais il a progressivement tenté des défis beaucoup plus spectaculaires. Avec une rampe, une motocyclette et beaucoup de cran, Knievel s'est élancé au-dessus de 19 voitures stationnées en 1971, puis par-dessus 52 voitures empilées en 1973. Deux ans plus tard, il a franchi 14 autobus. Mais la vie d'un casse-cou a aussi son revers : Knievel a subi 35 fractures, avant de finalement prendre sa retraite en 1980.

Cascades spectaculaires

À Hollywood, avec les effets spéciaux de plus en plus sophistiqués, de nombreuses cascades dans les films sont aujourd'hui créées par ordinateur. Mais aux débuts du cinéma, les vedettes, comme le comédien de films muets Buster Keaton, exécutaient souvent leurs propres cascades. L'une des acrobaties les plus impressionnantes de la carrière de Keaton a eu lieu dans *Le cadet d'eau douce*, tourné en 1928. Dans ce film, le mur d'une maison s'effondre sur Keaton, qui est sauvé pour la seule et unique raison qu'il se tient à l'endroit exact où tombe la fenêtre (avec un tout petit espace de chaque côté de lui). Tu ne seras probablement pas étonné d'apprendre que le parrain de Keaton n'était nul autre que le regretté Harry Houdini, le célèbre prestidigitateur.

À moi, les chutes du Niagara

Les spectaculaires chutes du Niagara, à la frontière entre les États-Unis et le Canada, ont été un haut lieu d'activité pour les casse-cou. Elles sont magnifiques, mais le « fer à cheval », situé du côté canadien, n'a rien de doux. L'eau y circule à 109 kilomètres à l'heure et se jette dans des rapides tourbillonnants. On aurait cru que, avec des eaux si tumultueuses, les gens les éviteraient. Mais non ! En 1901, Annie Taylor est devenue la première personne à descendre les chutes en tonneau (un baril étanche en bois). En 1911, Bobby Leach exécuta la cascade dans un tonneau d'acier, en ressortant avec seulement deux rotules fracturées et une mâchoire cassée. Ce sont quand même les heureux casse-cou des chutes du Niagara qui ont survécu pour nous raconter leur histoire.

Grimper aux gratte-ciel

Au lieu de tomber avec vitesse et force, Alain Robert, surnommé le Spiderman français, s'élève pour atteindre les plus hauts sommets. Il accomplit cet exploit extraordinaire en escaladant des édifices à mains nues, en dépit de deux accidents graves qui l'ont laissé avec un vertige et un avis du médecin affirmant qu'il ne pourrait plus jamais grimper. Erreur ! Depuis ce jour, Robert a gravi plus de 70 gratte-ciel partout dans le monde, y compris la National Bank of Abu Dhabi aux Émirats arabes unis, la tour Eiffel à Paris, et la tour Sears à Chicago. Il a même déjà revêtu un costume de Spiderman, le célèbre héros de bandes dessinées, pour réaliser ses prouesses.

Toujours plus haut

EN 1903, LE MONDE A CHANGÉ À JAMAIS QUAND LES FRÈRES WRIGHT SE SONT ENVOLÉS DANS LE PREMIER AVION. MÊME SI LES HUMAINS NE SONT PAS NÉS AVEC DES AILES, NOUS AIMONS PRENDRE L'AIR, LANCER DES OBJETS EN L'AIR... OU EN LAISSER TOMBER DES CHOSES. VOICI UN ÉCHANTILLON DE CERTAINES DE NOS SINGULIÈRES SINGERIES AÉRIENNES.

Une balle qui fait BOUM!

En 1997, un habitant du pays de Galles entreprit de créer la plus grosse balle d'élastiques au monde. Six ans et six millions d'élastiques plus tard, l'homme et sa balle de caoutchouc de 1 180 kilogrammes s'envolèrent pour les États-Unis, où l'objet devait être largué dans le désert Mojave, en Californie. La balle fut conduite à une altitude de 1 830 mètres. Une fois relâchée, elle vola dans les airs à une vitesse de 644 kilomètres à l'heure pendant environ 20 secondes, puis... BOUM! (Et non pas BOING!) Les gens avaient espéré que la balle rebondirait, mais elle a plutôt créé un cratère de 0,9 mètre de profondeur et de 2,7 mètres de diamètre.

Les lancers les plus fous

Évidemment, tu peux lancer un avion de papier dans les airs et t'émerveiller devant la hauteur et la distance qu'il atteint. Mais que penses-tu de lancer des objets moins aérodynamiques comme... disons... un gâteau aux fruits? Cela a déjà été fait. En effet, on lance des gâteaux aux fruits chaque année à Manitou Springs, au Colorado. Là, tu peux projeter un gâteau aux fruits à la main ou avec une catapulte... ou même propulser un gâteau sur roues le long d'une rampe! Pour des lancers vraiment extrêmes, tu peux toujours participer au Punkin' Chunkin' Festival, dans l'État du Delaware. L'événement culminant de cette célébration est le lancer de la célèbre courge d'automne, la citrouille. Des tracteurs sont accrochés à des cordages et à des canons spécialement conçus qui s'élèvent à presque dix mètres dans les airs. Certaines citrouilles sont projetées avec tant de puissance par les canons qu'elles voyagent pratiquement à la vitesse du son.

Cascade en canon

T'est-il déjà arrivé de fixer l'intérieur d'un canon en te demandant : « Pourquoi ce plaisir est-il réservé aux boulets de canon ? » Eh bien ! tu n'es pas le seul ! En 1870, Signor Farini (mieux connu sous le nom de William Hunt, de Port Hope, en Ontario) a imaginé une cascade avec un boulet de canon humain et a fait breveter un canon chargé d'un ressort pour lancer un humain dans les airs. Depuis toujours, il est important pour un homme-canon de suivre une trajectoire en forme d'arc de façon à atterrir dans le filet. Inutile de dire que bien des choses sont à prendre en considération quand il s'agit de se rendre du point A (le canon) au point B (le filet) : l'angle du canon, la vitesse initiale et le poids de l'homme-canon, et le vent qui pourrait le faire dévier de sa trajectoire. Et lorsqu'il est projeté à des vitesses pouvant atteindre 115 kilomètres à l'heure, un homme-canon ne veut vraiment pas rater le point B.

Objectif : tacos

En 1986, la station spatiale russe *Mir* fut lancée en orbite autour de la Terre. Elle a fait le tour de notre planète plus de 86 000 fois et a reçu la visite de plus de 100 astronautes. Mais en 2001, de nombreux problèmes techniques forcèrent le retour de *Mir* sur Terre. C'est là que Taco Bell^MD entra en jeu. La chaîne de restauration rapide fit flotter une cible en vinyle sur l'océan près de l'Australie, à proximité de l'endroit où *Mir* devait s'écraser. Sa promesse : si la station spatiale frappait l'objectif, chaque Américain recevrait un taco gratuit. Le monde entier retint son souffle, et les Américains salivaient déjà. Le 23 mars 2001, la station spatiale s'écrasa et coula. Malheureusement, la cible ne fut pas atteinte, et il n'y eut pas de tacos à donner.

Une collection de haut vol

En parlant de vol, comment oublier les bons vieux sacs vomitoires offerts dans les avions ! Ces contenants ne sont pas seulement très populaires quand la nausée frappe. Ils sont également hautement convoités par les collectionneurs. Ceux-ci forment une communauté plutôt restreinte, mais ils s'échangent et vendent les sacs vomitoires. L'une des collections les plus impressionnantes appartient à Niek Vermeulen. Il l'a commencée en 1979, après avoir utilisé un sac vomitoire pour prendre des notes au cours d'un vol. Il a conservé l'objet et, à ce jour, a rassemblé une collection de 3 500 autres sacs provenant de près de 800 compagnies aériennes différentes.

Artistes abracadabrants

TOUT LE MONDE AIME ASSISTER À UN BON SPECTACLE. BIEN SÛR, C'EST SUPER DE VOIR LA DERNIÈRE COMÉDIE MUSICALE SUR BROADWAY OU TON MUSICIEN FAVORI SUR SCÈNE. MAIS, PARFOIS, LES ATTRACTIONS LES PLUS ÉTRANGES SONT LES PLUS MÉMORABLES. À TOI DE CHOISIR TON ARTISTE ABRACADABRANT PRÉFÉRÉ !

Les cirques de puces

L'âge d'or du cirque de puces fut les années 1830, grâce au maître forain L. Bertolotto. Ses spectacles mettaient en scène des orchestres de puces qui jouaient de la musique, des puces qui dansaient, vêtues de costumes extravagants, et des cascades comme des courses de puces à bord de chariots miniatures. Plusieurs cirques n'utilisaient pas de vraies puces, mais plutôt des pièces mécaniques pour faire croire que de minuscules insectes tiraient de petits chariots ou exécutaient d'autres cascades. Certains cirques présentaient des puces vivantes. Le forain soutenait que les puces étaient entraînées, par exemple, à jouer au soccer. En réalité, le ballon était enduit d'un produit chimique que les puces n'aimaient pas. Ainsi, on avait l'impression qu'elles jouaient au soccer parce qu'elles frappaient le ballon. Le secret était donc dans le coup de pied des puces !

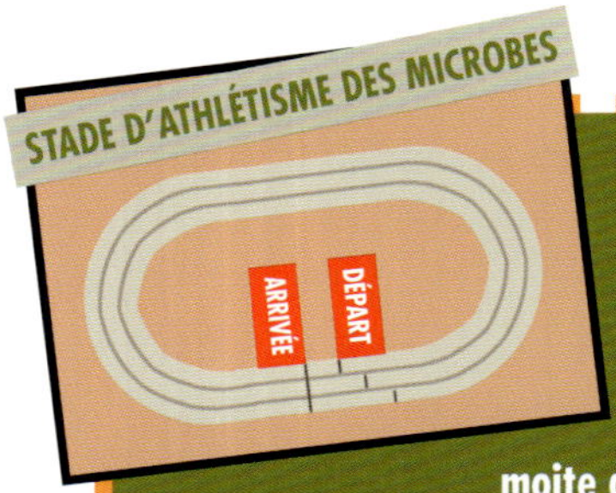

Cirque de puces, cirque de bibittes… c'est l'heure des

Jeux olympiques des microbes !

Savais-tu que les organismes microscopiques comme des bactéries vivent sur la paume moite de tes mains ? Savais-tu qu'ils sont tous des athlètes de niveau international ? Maintenant, tu es invité à frissonner d'enthousiasme à la vue d'organismes microscopiques courant sur cette piste. Tout ce que tu dois faire, c'est déposer la paume de la main sur le stade d'athlétisme. Retire-la, puis rapproche-toi et observe les organismes microscopiques COURIR jusqu'à la ligne d'arrivée !

Bon, d'accord, les microbes ne sont pas des athlètes professionnels. Et ils ne font pas vraiment la course jusqu'à la ligne d'arrivée. Mais ils se divisent et se multiplient. Et pour toi qui es curieux, les microbes que tu es susceptible de transférer de tes mains à cette page pourraient être l'un des organismes suivants : *Staphylococcus epidermidis*, *Staphylococcus aureus* et *Corynebacteria*, toutes des espèces de bactéries.

En passant, comme ce sont des organismes microscopiques, ils sont vraiment petits. Encore plus petits que ces caractères. Tu ne peux pas vraiment les voir à l'œil nu.

Voici la comète!

Après une blessure subie en planche à neige, un Britanno-Colombien, Tom Comet, s'est mis à jongler pendant sa convalescence. Rapidement, son passe-temps est devenu une passion, et Tom a continué à jongler jusqu'à huit heures par jour. Aujourd'hui, il jongle avec des objets des plus stupéfiants et dangereux, y compris trois lampes à souder allumées. Il est le champion incontesté quand vient le temps de jongler avec des tronçonneuses; il s'y entraîne une heure par jour. En août 2002, Tom projeta 44 fois dans les airs trois scies au moteur vrombissant. Tom est directeur du Cirque Orange; dans le cadre d'un numéro, on le voit aussi avec une tondeuse en marche en équilibre sur la tête. Les spectateurs sont alors invités à lancer des laitues sur les lames rotatives. Peut-être un jour passera-t-il au chou; cela lui permettrait de créer la salade de chou la plus périlleuse de la planète.

Folles flatulences

Même si elles sont souvent une source d'embarras, les flatulences peuvent parfois attirer des foules. Alors qu'il faisait du yoga à l'âge de 15 ans, un artiste britannique connu sous le nom de M. Méthane découvrit qu'il était capable de respirer «par les deux bouts». Ses compagnons de classe furent impressionnés, mais M. Méthane ne s'engagea dans une carrière de flatulences que plus tard dans sa vie, en faisant la première partie du spectacle d'un groupe musical formé par ses amis. Son numéro remporta un grand succès, et M. Méthane devint rapidement un artiste reconnu à part entière. Dans le cadre de son spectacle, vêtu d'un masque vert, de collants et d'une cape, M. Méthane «chante» par les deux extrémités de son corps. Sa capacité de contrôler ses flatulences lui permet également de souffler des bougies d'anniversaire et de lancer des fléchettes sur des ballons.

Talents étonnants !

TOUTE PERSONNE SUR TERRE EST UN INDIVIDU UNIQUE, AUX HABILETÉS ET AUX TALENTS PARTICULIERS. CERTAINS MÉRITENT UNE MENTION SPÉCIALE DANS UN LIVRE COMME CELUI-CI !

Tête forte

Alors qu'il travaillait comme briqueteur dans sa Grande-Bretagne natale, John Evans se découvrit un don pour porter des briques déposées sur une planche en équilibre sur sa tête. Au travail, il pouvait grimper au haut d'une échelle en transportant jusqu'à 24 briques. Il continua à ajouter des briques, et bientôt il put en transporter 36. Ce n'est que le début de l'histoire de ce champion des poids lourds. Evans est passé maître dans l'art de tenir en équilibre sur sa tête des objets très pesants : vélos, bétonnières, bateaux à moteur et même de petites voitures. Son plus grand exploit est peut-être d'avoir, en une heure, porté sur sa tête 96 personnes, pour un total de 5 180 kilogrammes ! Evans n'a pas laissé le succès lui monter à la tête : en soulevant des objets lourds, il recueille des fonds pour des organismes de bienfaisance.

J'ai fait une recherche rapide et j'ai trouvé que le poids de 96 personnes équivaut à celui de :

1 éléphant d'Afrique
17 tigres de Sibérie
760 grues blanches
52 206 coléoptères goliaths

Affaires d'abeilles

Le Dr Norman Gary, spécialiste de la recherche sur les abeilles, est aujourd'hui à la retraite. Il a entraîné 109 abeilles à voler jusque dans sa bouche, puis il a refermé les lèvres et les y a gardées prisonnières pendant 10 secondes ! Il a également permis à 200 000 abeilles de s'agglutiner sur son corps. Cette étroite cohabitation avec les abeilles lui a valu d'être piqué plus de 75 000 fois au cours de sa carrière de 55 ans auprès de ces insectes ! Et sache qu'il ne s'est pas fait piquer quand il a attiré les 109 abeilles dans sa bouche.

Passionné de serpents à sonnette

Jackie Bibby n'est pas fou des abeilles. Depuis 1969, ce Texan manipule plutôt des reptiles venimeux, des serpents à sonnette ! Non seulement a-t-il réussi à mettre dans un sac 10 crotales en 17,11 secondes, mais il détient également un record du monde pour être resté assis dans une baignoire en compagnie de serpents à sonnette, 81 pour être précis. Il s'est aussi glissé dans un sac de couchage pour se blottir contre 109 de ces créatures. En 2001, il a tenu huit crotales vivants dans sa bouche. (Ne t'inquiète pas : la bouche de Bibby était refermée sur leurs queues.) Deux ans plus tard, il battait son propre record en mettant dans sa bouche neuf serpents à sonnette vivants. Au cours de ses nombreuses années à manipuler des serpents, Bibby a été mordu gravement seulement six fois. Espérons que ça continue !

... le bain aux serpents à sonnette était le dernier traitement en vogue dans les spas ?

Écureuil à skis

Ces pages ont mis l'accent sur des humains possédant des talents spectaculaires, mais qu'en est-il du reste du règne animal ? Ne cherche pas plus loin, voici Twiggy, un écureuil gris originaire de Floride, un prodige de ski nautique. Élevé et dressé par Lou Ann Best, Twiggy se fait tirer par un bateau téléguidé voguant à une vitesse de 8 à 10 kilomètres à l'heure à la surface d'une piscine. Le petit rongeur s'est produit dans des salons nautiques internationaux et dans le cadre de diverses émissions télévisées. À ce jour, cinq écureuils « Twiggy » ont appris à faire du ski nautique grâce à Lou Ann et à son regretté mari, Chuck. Le premier fut trouvé après un ouragan dans les années 1970. Les époux Best ont également appris à d'autres animaux à faire du ski nautique : un caniche, un tatou, un crapaud et un cheval miniature.

Science surprenante

La science est l'étude du mode de fonctionnement de l'Univers, à partir de lois, d'expériences et de nombreuses hypothèses vérifiées à propos de la nature des choses. Mais il arrive parfois que nos plus grandes réussites se produisent par accident; d'autres fois, des savants travaillent des heures à des expérimentations que certains pourraient trouver un peu étranges.

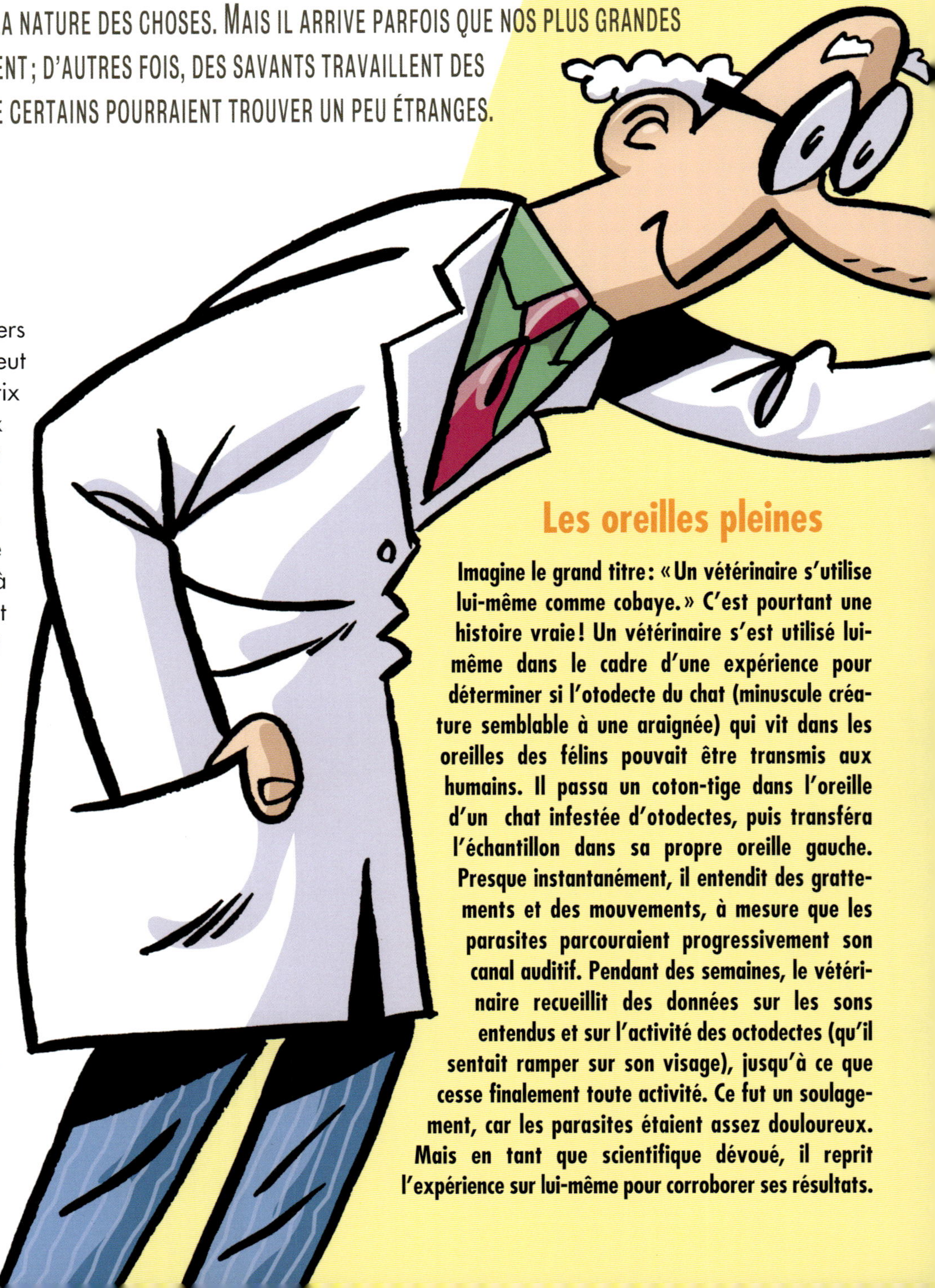

Et le gagnant est...

Si tu aspires à accéder à des univers scientifiques peu explorés, il se peut que tu sois un candidat pour un prix Ig Nobel. Depuis 1991, ces prix sont décernés à des personnes dont les productions scientifiques font d'abord rire les gens, puis les amènent à réfléchir. Dans le cadre d'une célébration annuelle tenue à l'Université Harvard, les «Ig» sont remis par des récipiendaires du vrai prix Nobel; certains d'entre eux exécuteront par la suite un numéro amusant de ballet ou d'opéra, pour le plus grand plaisir de la foule. Quels types de réalisations les prix Ig Nobel soulignent-ils? Un rapide coup d'œil à des gagnants passés te donnera un indice. Mentionnons un homme de l'Institut pour la recherche alimentaire de Grande-Bretagne, décoré pour son analyse des céréales ramollies, et le créateur du flamant rose en plastique.

Les oreilles pleines

Imagine le grand titre: «Un vétérinaire s'utilise lui-même comme cobaye.» C'est pourtant une histoire vraie! Un vétérinaire s'est utilisé lui-même dans le cadre d'une expérience pour déterminer si l'otodecte du chat (minuscule créature semblable à une araignée) qui vit dans les oreilles des félins pouvait être transmis aux humains. Il passa un coton-tige dans l'oreille d'un chat infestée d'otodectes, puis transféra l'échantillon dans sa propre oreille gauche. Presque instantanément, il entendit des grattements et des mouvements, à mesure que les parasites parcouraient progressivement son canal auditif. Pendant des semaines, le vétérinaire recueillit des données sur les sons entendus et sur l'activité des octodectes (qu'il sentait ramper sur son visage), jusqu'à ce que cesse finalement toute activité. Ce fut un soulagement, car les parasites étaient assez douloureux. Mais en tant que scientifique dévoué, il reprit l'expérience sur lui-même pour corroborer ses résultats.

Oiseaux + art = science !

Les pigeons qui fréquentent nos trottoirs aiment assurément les miettes de pain que nous leur lançons, mais il se peut qu'ils soient aussi des amateurs d'art. Un professeur de l'Université Keio, au Japon, répartit des pigeons en deux groupes, qu'il plaça dans des boîtes. On montra aux oiseaux des œuvres de deux peintres célèbres, Claude Monet et Pablo Picasso. Pour recevoir leur récompense, de savoureuses graines, les pigeons de l'un des groupes devaient reconnaître des peintures de Monet en donnant un coup de bec sur une touche. L'autre groupe devait picorer pour Picasso. Rapidement, les deux groupes étaient capables d'identifier correctement les œuvres de chaque artiste environ 90 % du temps. Par la suite, les oiseaux apprirent à différencier des œuvres réalisées par des peintres de style semblable. Mais le plaisir ne s'arrête pas là ! Des pigeons ont également été dressés à distinguer des pièces de musique classique. À ce jour, pas un pigeon n'a abandonné son emploi de mangeur de miettes de pain pour devenir critique d'art.

Couac-couac sans écho ?

Une croyance classique affirme que le couac-couac d'un canard ne produit pas d'écho. Longtemps, personne ne remit en question cette perception, jusqu'à ce que Trevor Cox, de l'Université Salford, un spécialiste de l'amélioration de l'acoustique des salles de concert et de cinéma, se penche sur le problème, à l'aide des plus récentes techniques sonores. Cox utilisa un logiciel qui lui permit de simuler un certain nombre d'environnements sonores et s'assura la collaboration d'une cane nommée Daisy. Il enregistra ses couac-couac dans une pièce insonorisée sans écho. Puis Daisy fut placée dans une salle plus grande qui accentuait les échos et fut encouragée à faire du bruit. Les tests prouvèrent que le couac-couac d'un canard produit de l'écho, même si celui-ci est plutôt faible. Cox en a conclu que le « ac » du couac-couac bloque le son de l'écho de faible intensité.

Singes au clavier

On émit un jour la théorie que, sur une durée de temps infinie, un nombre infini de singes tapant au hasard sur les touches d'une machine à écrire finiraient par produire les œuvres de William Shakespeare. À l'été 2002, des chercheurs testèrent cette théorie en installant un ordinateur à l'intérieur de l'enclos de six macaques à crête ou macaques de Sulawesi. Au début, les singes manifestèrent tous les signes de l'angoisse de la page blanche : le mâle dominant frappa l'ordinateur avec une pierre. Par la suite, les singes utilisèrent l'ordinateur comme toilettes. Finalement, les macaques montrèrent un intérêt pour l'appareil, tapant particulièrement la lettre s. Ils pouvaient écrire cinq pages remplies presque exclusivement de cette lettre. Alors que l'expérience touchait à sa fin, les singes avaient ajouté les lettres a, q, j, l et m.

Eh ! prof, avec les lettres qu'ils tapaient, ces macaques pouvaient écrire « mal », « Sam » et même « slam ».

Ça semble encore bien loin des œuvres complètes de Shakespeare.

Il ne faut jamais bousculer un singe. Les grandes œuvres littéraires exigent du temps.

Le parfait sandwich au fromage

La science a été utilisée pour expliquer la force de la gravité, la théorie de la relativité et, maintenant, pour définir le sandwich au fromage par excellence. Pour cette expérience, le Dr Len Fisher, un physicien de l'Université de Bristol, en Grande-Bretagne, prépara de petits sandwichs au fromage, puis demanda à des gens de les manger. Il analysa leur haleine à l'aide d'un appareil conçu pour mesurer les odeurs afin d'établir lequel était le plus savoureux. Ce n'est pas la première fois que Fisher abordait la nourriture avec une approche scientifique. En 1999, il détermina la meilleure façon de tremper un biscuit dans une tasse de thé.

La science des rideaux de douche

Tu entres dans la douche, tu tournes le robinet et, en moins de temps qu'il ne faut pour le dire, le rideau s'élève et colle à ton corps. Pourquoi ? Pour répondre à cette sempiternelle question, un chercheur de l'Université du Massachusetts conçut un modèle informatique de sa douche, puis ouvrit le robinet pendant 30 secondes. En utilisant un logiciel sophistiqué qui fit 1,5 billion de calculs pendant deux semaines, le scientifique conclut qu'il existait deux raisons. Premièrement, l'air chaud veut s'élever, et l'air froid de l'extérieur tente de s'introduire dans la douche. La deuxième force en jeu est consituee du jet d'eau et du mouvement de l'air à l'intérieur de la douche. L'air à l'intérieur se déplace à la manière d'un ouragan, aspirant le rideau.

Des scientifiques irrités

Imagine que tu es un paléontologue (un scientifique qui étudie la vie préhistorique) et qu'on t'envoie le crâne d'une nouvelle espèce de dinosaure trouvé lors de fouilles au Brésil. C'est palpitant ! Mais la joie des paléontologues s'éteignit quand ils réalisèrent que leur « dinosaure récemment découvert » avait été altéré. Les gens qui l'avaient trouvé avaient apparemment ajouté du plâtre et des morceaux d'os au crâne pour le rendre plus impressionnant. C'est ce que constatèrent les paléontologues quand ils réalisèrent un tomodensitogramme pour examiner plus en détail la trouvaille. Ils furent tellement irrités par les « retouches » apportées au crâne qu'ils nommèrent le dinosaure *Irritator challengeri*.

Oups... c'est de la science!

IMAGINE CECI : TU RENVERSES TON VERRE DE JUS DE CANNEBERGE SUR LA NAPPE BLANCHE EN T'ÉTIRANT POUR TE RESSERVIR. AVANT QUE TES PARENTS SE METTENT EN COLÈRE, IL SERAIT BON DE LEUR SOULIGNER QUE DE GRANDES RÉALISATIONS ONT VU LE JOUR GRÂCE À UN ACCIDENT. EN VOICI LA PREUVE.

1. Renverser un chargement de canards

Un cargo traversait l'océan Pacifique quand un conteneur rempli de petits canards de plastique jaunes PASSA PAR-DESSUS BORD. Ce fut une déception pour les amateurs de jouets de bain, mais une bénédiction pour la science. Un océanographe (un scientifique qui étudie les océans) décida de suivre la trace des canards. En observant leur trajectoire et en retraçant où ils avaient abouti, il rassembla des données nouvelles sur les courants marins et les déplacements des masses d'air.

2. Faire tomber un verre

En 1903, un scientifique du nom d'Édouard Benedictus travaillait avec une fiole de verre remplie de produits chimiques. Les produits chimiques s'étaient évaporés, laissant une mince pellicule à l'intérieur du verre. Ces composés ont failli passer inaperçus aux yeux de la science, mais Benedictus RENVERSA LA FIOLE DE VERRE, qui tomba sur le plancher du laboratoire, sans toutefois éclater en mille morceaux. Les produits chimiques présents sur la fiole avaient tenu le verre ensemble. La découverte de Benedictus ouvrit la voie à l'avènement du verre feuilleté de sécurité. Hourra pour les accidents !

4. Laisser des choses près d'une fenêtre ouverte

En 1928, Alexander Fleming travaillait dans son laboratoire avec des staphylocoques, une variété de bactéries. Par accident, il LAISSA UN ÉCHANTILLON PRÈS D'UNE FENÊTRE OUVERTE et quitta le laboratoire. Quand il revint, il remarqua que, transportées par le vent, des moisissures avaient contaminé son échantillon. Mais en l'examinant de plus près, il découvrit que les minuscules champignons avaient tué les bactéries. Grâce à cette importante bourde, Fleming venait de préparer la voie à la découverte de la pénicilline, un antibiotique qui a sauvé de nombreuses vies partout dans le monde.

3. Faire un dégât sur la cuisinière

En 1839, Charles Goodyear faisait des expériences avec du caoutchouc dans sa cuisine, mélangeant le caoutchouc avec des produits chimiques comme le magnésium, la térébenthine, l'alcool, l'acide nitrique et le soufre. Son mélange aurait pu être pur gaspillage, mais il LAISSA TOMBER SA MIXTURE SUR LA CUISINIÈRE. La chaleur de celle-ci « vulcanisa » le caoutchouc, le rendant moins cassant que le caoutchouc ordinaire et plus résistant au froid... ouvrant la voie à une révolution du caoutchouc.

PALMARÈS DES CINQ CHOSES À ***NE PAS*** LAISSER PRÈS D'UNE FENÊTRE OUVERTE

5. Des tartes aux bleuets
4. Des boules de quille
3. De grandes piles de feuilles
2. Un paquet de farine ouvert (surtout si c'est venteux)
1. Des serpents à sonnette vivants*

* En fait, il n'est pas plus indiqué de les laisser près d'une fenêtre fermée.

D'où vient ce goût sucré ?

Il arrive parfois qu'une grande découverte soit juste là, à portée de main... ou de doigt. C'est ce qui est arrivé à un duo de chercheurs de l'Université Johns Hopkins en 1879. L'un des hommes quitta le laboratoire, rentra chez lui et GOÛTA QUELQUE CHOSE DE SUCRÉ SUR SES DOIGTS. Il décida de retourner au labo pour trouver la mystérieuse substance sucrée. Il procéda à une petite dégustation et goûta à certains produits chimiques avec lesquels ils avaient travaillé. (N'essaie pas ça à la maison !) Et voilà ! Il finit par découvrir une substance chimique appelée saccharine, qui se révéla de 300 à 500 fois plus sucrée que le sucre, et qui est aujourd'hui employée comme succédané du sucre.

Inventions ~~ahurissantes~~ amusantes

NOUS AVONS SOULIGNÉ COMMENT LA NÉGLIGENCE ET LA CHANCE ONT ENTRAÎNÉ CERTAINES INVENTIONS IMPORTANTES. VOYONS MAINTENANT COMMENT NOS INVENTIONS LES PLUS FOLLES SONT LE RÉSULTAT DE PENSÉES CRÉATIVES ÉTRANGES ET D'UNE IMAGINATION FERTILE...

Rapides et rigolos

Les êtres humains ont inventé des véhicules étonnants, des hydroptères aux avions furtifs, en passant par les navettes spatiales. Mais peu de véhicules sont aussi amusants que ceux créés par Edd China et David Davenport, de la compagnie britannique Cummfy Banana. Prends, par exemple, le Bog Standard, une motocyclette dotée d'un side-car avec une touche personnelle : le conducteur est assis sur des toilettes de style victorien et le passager peut se prélasser dans une baignoire. Cet engin est un véritable véhicule, immatriculé, qui peut atteindre des vitesses de 114 kilomètres à l'heure. China et Davenport ont également créé d'autres merveilles roulantes, y compris le Casual Lofa, un sofa sur roues propulsé par le moteur d'une Mini et munie d'une tôle à pizza en guise de volant. Une table de salon sert de pare-chocs avant, les phares sont cachés dans des pots de plantes fixés de chaque côté du sofa. Cette réalisation bien rembourrée, qui peut accueillir un conducteur et deux passagers, est le meuble le plus rapide en ville, pouvant atteindre 140 kilomètres à l'heure.

Inutile… ou presque

Créé par l'inventeur japonais Kenji Kawakami, le *chindogu*, qui signifie « outil bizarre », est l'art d'inventer des gadgets qualifiés de non inutiles parce qu'ils sont presque, mais pas complètement, inutiles. Pour être *chindogu* à 100 %, tes inventions ne peuvent pas être brevetées et ne doivent pas être seulement amusantes : il faut qu'elles aient une utilité quelconque. Par exemple, une vadrouille de bébé *chindogu* est un ensemble pour bébé doublé d'une vadrouille : en se promenant à quatre pattes, bébé nettoie aussi le plancher.

Un casque vert

Il y a aussi cette invention brevetée : le casque de serre. Les plantes attachées à l'intérieur du casque absorbent le dioxyde de carbone que tu expires sur elles (elles aiment ce gaz) et, en retour, elles produisent de l'oxygène pour toi. L'illustration du brevet indique toutefois un problème, car les plantes fixées à l'intérieur du casque sont des cactus piquants. Qu'est-ce qui se passe quand une personne portant le casque de serre rempli de cactus trébuche et tombe à la renverse ? Aïe aïe aïe…

Voler comme un oiseau

En 1887, les avions n'existaient pas encore. À cette époque, si tu voulais t'envoler, la seule façon de le faire, c'était de sauter d'une falaise (le problème, c'est que tu n'aurais pas vraiment volé, et que ton temps de vol aurait probablement été très court). Tu aurais aussi pu faire les choses simplement et monter à bord d'une montgolfière. Voici une invention brevetée conçue pour aider les aérostiers : les « moyens et appareils pour propulser et guider les montgolfières ». Ça semble intéressant, comme ça, mais il y avait un hic : le ballon devait fonctionner grâce à des moteurs vivants. Des moteurs vivants ? Le brevet précisait qu'il s'agissait de très gros oiseaux comme des condors, des aigles ou des vautours, attachés par des harnais et guidés par le pilote. Pour les arrêter, celui-ci devait lancer des filets sur les oiseaux. C'était une invention créative, oui, mais une invention qui n'a jamais vraiment décollé.

L'invention la plus inutile

Pendant la Seconde Guerre mondiale, James Wright, un ingénieur, travaillait pour une compagnie américaine d'appareils ménagers. Il cherchait à concevoir un substitut bon marché au caoutchouc synthétique. En combinant de l'acide borique avec de l'huile de silicone, il obtint une substance visqueuse rose, qui s'étirait plus et rebondissait plus que le caoutchouc ordinaire. C'était amusant, mais pas très utile pour l'effort de guerre. Des années plus tard, un concepteur-rédacteur de publicité tomba sur un échantillon de la création de Wright et comprit son potentiel commercial dans les magasins de jouets. Il en acheta une grande quantité qu'il emballa dans de petits œufs de plastique. La substance visqueuse rose, le Silly Putty^MD, connut un grand succès !

Savais-tu que cette si lisse substance rose fit un voyage sur la Lune avec les astronautes d'Apollo 8 en 1968 ?

Le pouvoir des sangsues

Dans les années 1800, un docteur britannique remarqua qu'avant une violente tempête les sangsues d'eau douce étaient agitées. Il eut l'idée d'utiliser ces sangsues pour annoncer les tempêtes imminentes. L'homme de science créa un appareil appelé le « Pronostiqueur de tempêtes », formé de douze jarres de verre, chacune contenant une sangsue. Les bestioles étaient reliées à des chaînes, et les chaînes, à des cloches. Le principe était le suivant : avant une tempête, les sangsues se débattraient, faisant sonner les cloches, annonçant que les conditions météorologiques étaient sur le point de se détériorer. Le docteur avait de grandes aspirations, mais, contrairement à l'excitation provoquée par les tempêtes sur les sangsues, son invention n'en suscita aucune.

Prédictions pourries

CE LIVRE TIRE À SA FIN (SNIF, SNIF). CONCLUONS PAR UN VOYAGE DANS LE TEMPS, HISTOIRE DE REVOIR CERTAINES PRÉDICTIONS DE CE QUE LA VIE SERAIT DANS L'AVENIR.

Prédictions périlleuses à la foire internationale

« Sous le symbole de l'Unisphère, des attractions venant des quatre coins du monde seront réunies pour votre plus grand plaisir ! Vous vous émerveillerez devant des prédictions d'objets à venir… » Ainsi était formulée la publicité de la foire internationale de New York de 1964, une gigantesque manifestation qui fut la pierre angulaire de l'ère spatiale des années 1960. L'exposition offrait une vision furtive d'un futur rapproché. En plus d'une colonie sur la planète Mars, elle avait aussi imaginé une ville à plus de 3000 mètres sous l'océan, qu'on atteindrait en sous-marins nucléaires, où des travailleurs creuseraient à la recherche de minerai et de pétrole, et où les visiteurs se prélasseraient dans l'hôtel sous-marin Atlantis. L'exposition présentait également un véhicule à propulsion nucléaire capable de construire des routes dans la jungle, de la hauteur de cinq étages et long comme trois terrains de football. On supposait qu'une machine comme celle-là pourrait produire, au-dessus du sol, 1,6 kilomètre d'autoroute à l'heure, vingt-quatre heures par jour. Une scie au laser précéderait l'engin constructeur de routes, abattant les arbres et répandant des produits chimiques pour faire cesser la croissance des plantes. Bon sang !

2001 : l'année qui ne fut pas

Même les savants peuvent faire des erreurs. Ne cherche pas plus loin que l'écrivain Arthur C. Clarke, auteur du fameux livre (et du film) *2001 : L'odyssée de l'espace*. En 1968, il écrivit un article pour le magazine *Vogue*, dans lequel il présentait ses prédictions pour cette année fatidique. Clarke imaginait qu'en 2001 la quantité de nourriture nécessaire pour un mois pèserait seulement 45 kilogrammes. Il suggéra que nous pourrions même manger de l'herbe, que les scientifiques auraient traitée pour la rendre nutritive et savoureuse ! Il prédit que les habitations seraient construites avec des matériaux suffisamment légers pour leur permettre de voler. Les maisons seraient transportées par des « grues du ciel » semblables à des hélicoptères ; les gens pourraient donc passer l'hiver dans le Sud… dans leur propre foyer ! C'est ce qu'on appelle voyager en tout confort.

Les lecteurs devraient savoir que le même article de *Vogue* prédisait avec justesse l'apparition de choses comme la télévision par satellite, les tarifs téléphoniques peu élevés et les ordinateurs avec accès direct aux journaux et aux bibliothèques (c'est-à-dire Internet).

Un petit faux pas pour l'humanité…

Même les journaux ne sont pas à l'abri des grandes erreurs. En 1920, dans un éditorial ridiculisant un chercheur dans le domaine des fusées, le *New York Times* se moquait de l'idée qu'un jour des fusées s'envoleraient dans le vide de l'espace. Précisons que les travaux du scientifique en question aboutirent par la suite en des voyages dans l'espace. L'article poursuivait en affirmant que cet homme « semblait être dépourvu des connaissances présentées quotidiennement dans les écoles secondaires ». Aïe! Des années plus tard, le journal publia un correctif; c'était le 17 juillet 1969, trois jours seulement avant que l'astronaute Neil Armstrong fasse ses premiers pas sur la Lune.

Futur en forme et fleuri

Les prédictions du *Ladies' Home Journal* pour l'année 2001 ont été énoncées il y a très, très longtemps, en décembre 1900. On y prédisait que notre alphabet ne comporterait plus les lettres c, x et q, qui seraient devenues inutiles 100 ans plus tard. Nous serions tous en super forme, apprenant la gymnastique encore bébé. Toute personne incapable de marcher avec facilité 16 kilomètres serait considérée comme en mauvaise condition physique! En 1900, on imaginait l'an 2000 exempt de moustiques et de mouches; les gens feraient pousser des fraises aussi grosses que des pommes et des roses aussi larges que des choux… et offertes de toutes les couleurs!

Autres prédictions erronées

Ne crois pas tout ce que tu lis… ou entends. Il est plus difficile de savoir *exactement* ce que les gens ont dit quand ça n'a pas été écrit, mais il existe certaines citations mémorablement imparfaites. Le directeur du bureau américain des brevets aurait affirmé en 1899 que « tout ce qui pouvait être inventé a été inventé » (c'était avant les ordinateurs, Internet, les avions et les voyages dans l'espace). D'autres ont prédit que les voitures, les téléphones et les ordinateurs n'étaient que des lubies. Mentionnons également le scientifique Lord Kelvin qui, en 1895, statua qu'il était « impossible que des machines plus lourdes que l'air puissent voler ». Huit ans plus tard, les frères Wright firent leur premier vol. Zut alors!

Index

Je t'ai eu !

Tu es venu à cette page pour en savoir plus au sujet du poisson d'avril ? Eh bien ! Ah ! ah ! ah ! tu t'es fait prendre (surtout si tu lis ceci un 1er avril) ! Rends-toi à la page 18 pour le vrai texte.